뒷전의
주인공

KB191611

뒷전의 주인공

굿의 마지막 거리에서 만난 사회적 약자들

초판 1쇄 펴낸날 | 2021년 7월 15일

지은이 | 황루시
펴낸이 | 류수노
펴낸곳 | (사)한국방송통신대학교출판문화원
      03088 서울시 종로구 이화장길 54
      대표전화 1644-1232
      팩스 02-741-4570
      홈페이지 http://press.knou.ac.kr
      출판등록 1982년 6월 7일 제1-491호

출판위원장 | 이기재
기획 · 편집 | 신경진
본문 디자인 | 티디디자인
표지 디자인 | bookdesignSM

ISBN 978-89-20-03752-8 03290

값 17,000원

뒷전의
주인공

황루시 지음

지식의날개

작은 책 큰 감사

2018년 한국구비문학회 하계학술대회의 주제는 '구비문학과 사회적 약자: 소통, 치유, 공생'이었다. 당시 회장이었던 신동흔 교수가 기조발표를 부탁했다. 평소 뒷전의 인물들이야말로 대표적인 사회적 약자라고 생각해 왔기에 선뜻 수락했던 기억이 있다.

논문을 시작도 하기 전에 복숭아뼈가 부러지는 사고를 당했다. 무더운 한여름에 깁스를 한 채 논문을 썼고 휠체어를 타고 발표장에 갔다. 서대석 선생님이 좌장을 맡으셨는데 주제에 비해서 논문이 좀 가볍다고 한마디하셨다. 평소보다 많이 부드러운 말투였다. 하긴 내 꼴이 워낙 심란했으니 더 이상은 말씀하기 어려우셨을 것이다. 발이 낫자 그동안 밀린 일들이 쏟아졌다. 논문은 제대로 수정도 못한 채 연말에 발간된 『구비문학연구』에 실렸고, 글은 여전히 주제에 비해 가벼웠다.

이듬해 3월에 뜻밖의 메일을 받았다. 학회지에 실린 논문을 책으로 만들고 싶다는 출판사의 요청이었다. 제법 오래 살았지만 이런 경우는 처음이었다. 일반인이 쉽게 읽을 수 있도록 구성과 문장을 바꾸고 분량도 대폭 늘

려야 해서 원고를 새로 쓰는 것과 다름없었지만 출판사의 관심은 매우 고마운 일이었다. 무속문화 속에서 살고 있지만 정작 사람들은 무속을 모른다. 제도교육에서 무속문화를 가르치지 않기에 텔레비전이나 영화에서 본 극단적인 엑소시즘을 곧 무속으로 생각하는 사람도 많은 것이 현실이다. 그중에서도 가장 관심의 뒷전인 '뒷전'에 대한 이야기를 나눌 기회가 생겼으니 어찌 반갑지 않을까. 그래서 주제에 합당한 글이 될 수 있도록 열심히 썼다. 이 작은 책이 누군가의 손에 닿아 행여 공감을 얻는다면 그 공은 온전히 출판사의 몫이다.

오랜만에 쓴 책이라 감사한 분들이 많다. 나를 처음 강릉단오제에 데리고 가신 임석재 선생님, 뒷전이야말로 굿의 핵심이라는 가르침을 주신 김인회 선생님, 늘 믿어주셨던 김호순 선생님께 감사한다. 오랜 동료 김수남 선생이 남긴 사진을 실을 수 있었던 것도 감사하고 최근의 현장 사진을 제공해 준 윤동환 교수와 정운성 팀장도 고맙다. 마지막으로 이용우, 김금화, 송동숙, 이지산을 비롯한 큰무당들 덕분에 제대로 굿공부를 할 수 있었음에 감사한다.

2021년 7월 강릉에서 황루시

뒤가 맑은 무당이 되려면

무당은 모름지기 '뒤가 맑아야 한다'는 말이 있다. 뒤가 맑다는 의미는 무당이 굿을 한 뒤에 일정 기간 의뢰했던 집이나 마을에 나쁜 일이 생기지 않는 것이다. 쉽게 말하면 뒤탈 없는 무당이다. 기껏 큰돈을 들여 굿을 했는데 나중에 마을이나 집안에 변고가 생기면 무당 탓을 하게 마련이다. 아파도 무당 탓, 직장에서 실직하거나 승진에 밀려도 무당 탓, 어촌에서 고기가 안 나도 무당 탓, 마을에 젊은 사람이 죽어도 무당 탓, 굿을 한 뒤에는 모든 것이 무당 탓이다.

사실 잘 생각해 보면 무슨 일이 생길 때는 다 그만한 이유가 있다. 갑작스러운 와병이 없는 것은 아니지만 대개는 원래 가지고 있던 질환이 악화된다. 실직한 사람도 직장 안에서 상사나 동료 사이에 불안 불안했던 경우가 많고, 아니면 아예 회사가 망해서 놀게 된 것을 어찌 무당 탓이라 하겠는가. 요즘처럼 고기가 잡히지 않는 것은 무분별한 남획으로 바다에 고기 씨가 말라서 그렇지 무당 탓을 할 일은 아닐 것이다. 태어나는 것이야 위아래가 있지만 죽는 데 순서가 있나, 하지만 속상해 죽겠는데 누굴 탓하겠는가. 직접적으로 신을 원망하기 어려운 사람들은 만만한 무당 탓을 한다. 본디 탈이 났기 때문에 굿을 했지만 잘 되면 제 운, 안 풀리면 무당을 탓하는 게 세상이다. 하긴 그렇게 탓을 하면서 시련을 이겨 내는 것이 또한 사람 사는 이치이기도 할 것이다.

이러니 무당도 노력을 안 할 수 없다. 정성덕은 배반을 하지 않는다고 하지 않던가. 평생을 무업으로 먹고살아야 하는 팔자인지라 뒤탈 없는 무당이 되기 위해서 갖은 정성을 들인다. 신들린 무당들은 시간이 날 때마다 명산대천을 찾아다니면서 기도를 하여 기도발을 기대한다. 세습무들은 어릴 때부터 익힌 온갖 재주를 다 부리면서 정성껏 신들을 대접한다. 그러나 아무리 성심으로 굿을 해도 믿는 도끼에 발등 찍히고 믿다가 뒤통수 맞는 게 인생이다. 이럴 때는 미리 도망갈 구멍을 만들어 놓아야 한다. 산전수전 다 겪은 노련한 무당은 굿을 하면서 은근슬쩍 상대방에게 원인을 전가할 미끼를 던진다. 가장 많이 하는 말은 굿덕을 보려면 굿이 끝난 뒤에 다투지 말고 모름지기 마음을 모아 화합해야 한다는 것이다. 사실 이 말은 무당의 꼼수라고만 보기는 어렵다. 조심조심 긴장하며 준비했던 굿이 끝난 뒤 행여 맘 놓고 방심하여 사고가 나는 것을 막으려는 것이다. 물론 조심해도 사고는 날 수 있다. 이런 뜻밖의 사고에 대해서는 인간이 미련해서 벌어지는 일이니 절대 신의 탓을 하지 말아라 여러 번 당부한다. 만약에 일어날지 모르는 후환을 막아 보려는 눈물겨운 안간힘이다.

하지만 뭐니 뭐니 해도 가장 중요한 일은 굿을 제대로 하는 것이다. 법도에 따라 착실하게 굿을 하는 것이 사제인 무당의 도리이다. 굿은 전통적으로 내려온 절차가 있다. 이 절차는 웬만해서 바꾸지 않을 뿐 아니라 큰무당일수록 엄격하게 지키는 법이다. 제일 먼저 굿하는 장소를 청정하게 만들기 위해서 부정을 착실하게 물린다. 이렇게 신성한 장소가 되면 그 자리에 차근차근 무속이 신앙하는 여러 신들을 순서대로 청해 굿청에 앉히는 청배굿을 한다. 지역에 따라 명칭은 조금씩 다르지만 하늘의 신을 모신 다음(황해도나 동해안은 일월, 서울은 불사라고 부른다) 마을의 수호신을 모신다. 서낭, 골매기서낭, 도당, 당산, 부군, 본향 등으로 역시 지역에 따라 명칭이 다르다. 그 후에는 각각 고유의 기능을 가지고 있는 여러 신들을 위한 개별적 의례가 이어진다. 조상, 산신, 군웅, 성주, 제석, 손님, 말명 등 수많은 무속의 신들을 모셔 춤과 노래, 기예 등 온갖 배운 재주로 대접하고 소원을 비는 일이다. 굿 한 석을 할 때마다 신이 흡족하게 잘 받았는지 확인하고 굿하는 사람들의 소원을 제대로 고했는지 또 확인한다.

신들린 무녀는 신으로 빙의한 채 공수를 주어 신의 약속을 전달하고 제주도 심방은 수없이 신칼을 던진다. 바닥에 떨어진 신칼 두 개의 모양으로 신의 뜻을 알아보기 위해서이다. 이를 '산받아 분부사룀'이라고 하는데 떨어진 신칼의 모습으로 신의 뜻을 유추하여 굿을 의뢰한 본주에게 전해 준다. 동해안 무당들은 굿 한 석이 끝날 때마다 수비를 풀어 주면서 신과 인간의 만남이 온전하게 이루어졌음을 확인한다. 수비는 신을 따라온 졸개 같은 존재인데 이들까지 풀어먹임으로써 굿 한 석을 마무리하는 것이다. 굿은 짧으면 하루, 길면 이 주일까지 걸린다. 무당은 최선을 다해서 굿을 하는데 마지막까지 긴장을 늦추지 않는다. 끝날 때까지 끝난 것이 아니라는 말도 있지만 어떤 면에서는 마지막 굿이 가장 중요하기에 최후의 최후까지 최선을 다할 수밖에 없는 것이다.

가장 마지막에 하는 굿이 바로 뒷전이다. 뒷전은 몇 날 며칠에 걸쳐 무속이 신앙하는 여러 신을 모두 대접한 뒤에 철상을 하고 굿청 밖으로 나와 떠도는 잡귀잡신들을 풀어먹이는 의례이다. 무당은 아무리 본굿을 잘해도 마지막 뒷전을 제대로 해야 탈이 없고 굿덕을 입는다고 믿는다. 결국 무당이 뒤를 맑게 하는 데 가장 긴요한 것이 바로 뒷전에 달려 있는 셈이다. 굿 가운데 뒷전이 으뜸이고 아무리 굿을 잘해도 잡귀들을 제대로 풀어먹이지 못하면 효험이 없다는 믿음은 대부분 무당들에게 절대적이다. 이런 굳건한 믿음은 어디에서 온 것일까.

아마도 삶의 경험을 통해 오랫동안 축적된 지혜에서 비롯되었을 것이다. 신을 잘 대접하는 것은 굿의 기본이다. 하지만 무속은 작은 존재, 보잘것없는 존재도 귀하게 여긴다. 세상만사 사달이 나는 것은 큰일보다는 작은, 아주 사소한 틈에서 시작하는 경우가 많기 때문이다. 잠깐의 방심, 흘려들은 상대방의 아픔, 무심하게 지나친 말한마디가 끔찍한 불행을 야기할 수 있다. 무당은 이 점을 놓치지 않고 있다. 조상덕은 못 봐도 조심덕은 보는 법이다. 무당은 수많은 사람들의 사연을 풀어내어 공감해야 하는 사제이다. 그 과정에서 무당은 작은 존재의 위대함,

보잘것없는 존재의 존재감을 경험했을 것이다. 뒷전은 우리 삶에서 소외되었던 작은 존재들을 대접하는 굿이다. 무당이 뒷전에 공을 들이는 이유이다.

차례

1장

뒷전이란 무엇인가

1. 모든 굿은 뒷전으로 끝난다

굿은 무당이라는 사제를 통해 여러 신을 모셔 대접한 뒤 복을 빌고 액을 물리는 의례이다. 뒷전은 무당굿의 맨 마지막 제차로 굿에 따라든 잡귀잡신을 물린다. 잡귀잡신은 대부분 비참한 인생을 살다가 험한 죽음을 한 존재들이다. 이들은 하찮은 존재이기에 정식으로 초대받지 못했다. 황해도 무당의 말을 빌리면 '오너라 청하면 고마워서 오고 오지 말라면 밉살맞아서도 오는' 존재들이 바로 잡귀잡신이다.

뒷전은 무당이 말로 잡귀를 풀어먹인 뒤에 칼을 던져 끝내는 것이 일반적이지만, 규모가 큰 굿에서는 장구재비와 재담을 주고받으면서 연극의 형태로 진행한다. 무당이 간단한 상황 묘사와 함께 여러 인물을 드러내는 일인다역의 형식을 취하고 장구재비는 상대역을 맡으며 때에 따라 관중이 참여하는 방식이다. 무속이 신앙하는 여러 신을 대접하는 본굿과는 모시는 신격의 성격이나 방법이 상당히 다르지만 무당들은 뒷전을 중요한 굿으로 여긴다. 아무리 굿을 잘해도 마무리가 좋지 못하면 효험이 없다고 우려하는 것이다.

『끝이 좋으면 다 좋아』라는 셰익스피어의 희곡도 있고 '유종의 미'라는 말도 있듯이 끝은 매우 중요하다. 끝은 결국 새로운 시작의 출발점이기 때문이다. 그렇다면 왜 모든 굿은 굳이 비참하게 죽은 영혼을 달래 주는 뒷전으로 끝나는 것일까? 뒷전에 등장하는 잡귀잡신은 우리 삶과 어떤 관계를 갖기에 굿의 대미를 장식하는 것일까. 그 의미를 찾는 여행을 떠나본다.

2. 사전의 정의를 뒤집는 뒷전의 의미

뒷전의 사전적 의미는 '뒤쪽이 되는 부분' 또는 '차례로 볼 때 나중의 위치'이다. 우리 일상에서는 '노느라고 일은 뒷전이네'처럼 중요하지 않은 취급을 할 때 주로 사용한다. 뒷전은 민속용어이기도 하다. 민속에서 뒷전은 무당굿의 맨 마지막 제차로 굿에 따라온 잡귀잡신을 풀어먹이는 의례의 명칭이다.

사전적 정의와 관련하여 굿의 뒷전과의 연관성을 생각해 본다면, 차례로 볼 때 맨 나중에 하는 굿이고 또한 하찮은 잡귀들을 상대로 하는 굿이니까 중요하지 않다는 의미를 내포하는 것으로 볼 수도 있다. 그렇지만 무당들의 생각은 전혀 다르다. 그들에게 뒷전을 매우 중요하다. 뒷전을 잘못하면 그동안 한 굿이 모두 허사가 된다고 믿기 때문이다.

무당은 뒷전이 끝나면 마당 밖으로 짤막한 신칼을 던진다. 바닥에 떨어진 신칼의 모습을 통해 뒷전을 잘했는지, 잡귀들이 흡족하게 받아먹었는지 확인하는 것이다. 몇 날 며칠 동안 밤잠도 못 자고 한 굿의 결과가 칼끝 방향에 달려 있다. 무당은 물론이고 굿을 보는 사람들 모두 칼끝이 밖으로 나가면 잡귀들이 잘 받아먹은 것이라고 여기고 비로소 안심한다. 하지만 만에 하나 칼끝이 안으로 들어오는 경우에는 분위기가 완전히 바뀐다. 밤을 새워 한 굿이 허사가 될 위기에 처한 것이다. 무당은 남은 음식과 술을 마당에 뿌리면서 행여 얻어먹지 못하여 심사가 뒤틀린 잡귀들을 달랜다. 그러고는 집중하여 다시 한번 칼을 던져 보는 것이다. 이 행위는 칼끝이 밖으로 나갈 때까지 반복되는데 사실 한두 번 안쪽을 향한다면 그 자체가 이미 변고인 셈이다.

일상에서 뒷전이란 단어는 중요하지 않은 상황에 쓰인다. 그렇지만 굿의 뒷전은 오히려 사전의 의미를 뒤집고 있다. 하찮은 잡귀들을 결코 하찮지 않게 대접하는 것이 바로 뒷전인 것이다. 중요한 듯 중요하지 않은데 중요한 굿, 사전의 의미를 뒤집는 뒷전의 진정한 의미는 무엇일까?

3. 뒷전의 공간

뒷전은 서울, 경기지역의 굿에서 부르는 마지막 제차의 명칭이다. 그런데 이 마지막 제차는 지역에 따라 이름이 다르다. 황해도는 마당굿, 평안도는 뜰덩굿, 동해안지역은 거리굿, 제주도는 도진, 전라도는 중천멕이라고 부른다. 책의 제목으로 사용한 뒷전은 지역을 막론하고 잡귀잡신을 풀어먹이는 무당굿의 맨 마지막 제차를 통칭한 것이다.

마당굿과 뜰덩굿, 거리굿은 굿하는 공간을 중심으로 붙여진 이름으로 보인다. 모든 뒷전은 반드시 사방이 훤하게 트인 노천에서 하기 때문이다. 황해도 철물이굿의 마당굿은 집마당에서 한다. 뜰덩굿(뜰庭굿)은 뜰에 집마당이라는 의미의 한자 정(庭)이 붙여진 것으로 보이니 실상 마당굿과 의미가 같은 용어이다. 바닷가에 천막을 치고 하는 동해안지역 별신굿의 거리굿은 철상하고 천막까지 다 걷은 후에 야외에서 한다.

옛날 철물이굿을 할 때는 외양간에 당을 맸다. 외양간 사방에 멍석을 둘러쳐 바람을 막고 수수깡으로 발을 엮어 선반을 맨 후에 굿상을 차렸다. 외양간에서 모든 굿을 다 한 뒤에 굿상을 허물고 무당은 마당에 나와서 비수거리를 한다. 비수거리는 작두를 타는 굿이다. 황해도의 비수거리는 마당에 절구통을 놓고 그 위에 상 두 개를 놓고 다시 그 위에 물동이를 놓고 또 그 위에 모말을 놓은 다음 작두를 설치하기 때문에 까마득히 높아진다. 하늘 높은 곳에서 날카로운 칼날 위에 올라선 무녀의 한마디 한마디가 엄중하게 다가올 수밖에 없는 굿이다. 비수거리가 끝난 뒤 그 자리에서 마당굿을 하는 것으로 철물이굿을 마쳤다.

강원도 어촌의 별신굿을 보면 서낭당에서 굿을 할 때

도 있지만 대개는 모래사장에 바다를 등지고 천막을 쳐서 가설굿청을 만든다. 밖에 허개등을 높이 달아 신에게 굿하는 장소임을 알리고 굿청 안은 용선, 탑등, 초롱등, 수박등을 걸어 화려하게 장식한다. 제단 위에는 연봉을 비롯하여 각종 지화를 꽃병에 담아 놓고 집집마다 차려 온 제물이 이단, 삼단으로 그득하다. 신이 잠시 머무시기에 부족함 없이 신성한 굿청을 꾸며 놓고 며칠 동안 그 안에서 굿을 하는 것이다. 그렇지만 가설굿청은 용왕굿을 앞두고 완전히 허문다. 용왕굿부터는 천막 안이 아니라 야외에 나가서 하기 때문이다. 용왕굿은 배타는 어민과 선주들을 위한 굿이다. 용왕굿을 할 때는 먼저 바닷가에 뱃기를 일렬로 꽂아 놓는다. 용왕상은 바닷가 뱃기 앞에 차린다. 무녀가 물동이 위에 올라가 용왕신을 모시고 축원하면서 풍어를 기원한다. 마지막에는 무녀들이 모두 달려나가 뱃기를 뽑아 들고 마음껏 휘두르면서 바닷물에 적신다. 뱃기에 용왕신을 올리는 것이다. 선주들은 서둘러 그 뱃기를 받아들고 배로 뛰어가서 꽂는다. 이제 이 배는 다음 굿할 때까지 방금 모셔온 용왕신이 책임지고 잘 돌봐 줄 것이다. 이렇게 용왕굿이 끝나면 마지막으로 거리굿을 한다. 마을에 따라서는 따로 바닷가에 가설굿청을 만들지 않고 서낭당 마당에서 굿을 한다. 하지만 이

풍요로운 제물과 화려한 지화로 장식된 강문 서낭굿의 굿청(좌)   ©정운성
제물과 장식을 모두 치운 동해안 별신굿의 거리굿(우)   ©윤동환

때에도 용왕굿과 거리굿은 반드시 바닷가에 나와서 하는
법이다.

전라도 씻김굿의 중천멕이도 밖에서 한다. 씻김굿은
모시는 신에 따라 굿하는 공간이 다르다. 시작부터 끝까
지 공간의 이동을 살펴보면 굿의 목적이 분명히 드러난
다. 굿은 부엌에서 하는 안당굿으로 시작한다. 그러고는
안방으로 들어가서 가신인 성주와 제석을 모신 후에 마
루에 나와 바리데기를 청하는 오구풀이를 부른다. 밤이
깊어 가면 안마당에서 씻김과 고풀이를 하여 죽은 영혼
을 정화하고 한을 풀어 준다. 마지막 중천멕이는 대문 앞
에 상을 차리고 밖을 향해서 하는 것이다. 가신은 집안에
서, 망인을 저승으로 천도할 신은 마루에서, 망인의 넋은

마당에서, 그리고 잡귀는 대문간에서 굿을 받는 것이다. 이처럼 씻김굿은 안에서 밖으로 공간이 이동하는데 이는 결국 죽음으로 야기된 부정과 잡귀를 집 밖으로 몰아내고 삶을 회복하려는 의도로 해석할 수 있다.[1]

이처럼 모름지기 뒷전은 밖에서 하는 굿이다. 마당이나 거리에서 하는 굿이다. 상대적으로 뒷전 이전에 하는 굿들은 안에서 하는 안굿이라고 할 수 있겠다. 안굿의 신들은 집 안에서 또는 당 안에서 대접을 받지만 뒷전의 신격은 거리에서 풀어먹이는 대상인 것이다. 그런데 이 둘은 공간만이 아니라 대접하는 신격이나 굿하는 방법, 무당에 이르기까지 완전히 다른 양상을 보인다는 점에서 흥미롭다.

4. 뒷전의 신격

무속신앙은 다신교이기에 많은 신을 믿고 있다. 굿은

---

[1] 이경엽, '순천 〈삼설양굿〉의 연극적 전개와 연희성', 『씻김굿 무가』, 95쪽, 박이정, 2000. 다만 역시 뒷전에 속하는 전라도 지역의 삼설양굿(설양굿)의 경우 장소가 분명하지 않다. 이경엽은 제상을 차려 놓은 굿청에서 한다고 기록했다.

무속에서 신앙하는 여러 신을 청하여 대접하고 복을 비는 의례이다. 흔히 열두 거리라든가 스물네 석 하는 굿거리는 다신교인 무속에서 모시는 신의 종류를 말하는 것이다. 열두 거리라고 하면 중요한 열두 신격을 중심으로 굿을 한다는 의미이고 스물네 석은 24신격을 모시는 굿이라는 뜻으로 이해하면 된다. 물론 열둘이나 스물넷이라는 숫자는 의례적인 것이다. 12차 농악, 판소리 열두 바탕처럼 전체를 의미하는 용어로 부르는 것이고 실제 굿의 석수는 지역과 굿의 종류에 따라 달라진다. 서울을 예로 들어 본다면 재수굿은 열두 거리를 하지만 진오기굿은 거기에 넋을 천도하는 굿이 첨가되어 훨씬 늘어나게 되는 것이다.

뒷전도 이 석수 안에 들어간다. 늘 마지막에 하는 굿이니까 열두 거리 굿이라고 하면 열두 번째 굿이 바로 뒷전이 된다. 하지만 뒷전의 대상이 되는 신격과 그를 대접하는 방법은 앞의 굿들과 큰 차이가 있다. 뒷전에서 대상이 되는 신격은 잡귀잡신이라고 부를 수 있다. 잡귀잡신은 단수의 신이 아니라 이승과 저승을 떠도는 신격을 통칭하는 용어이다. 또한 신을 따라온 졸개 신격들도 포함된다. 이들은 정식으로 초대받지 못한 존재로 정식 굿의 대상이 되지 못한다. 아무도 이들을 청하지 않았다. 그렇지만 잡귀들은 장구소리를 반겨 듣고 기꺼이 굿판을 찾아와 자신의 차례를 기다리고 있다. 그러다가 마지막 거리인 뒷전에서 한꺼번에 굿을 받는 것이다. 잡귀잡신은 모시는 것이 아니라 풀어멕이는(먹이는) 존재이고 '너도 먹고 물러나라'의 대상이다. 비록 정식으로 초대하여 대접하고 복을 비는 대상은 아니지만, 인간의 삶에 나쁜 영향을 끼칠 수 있다고 믿어 마지막에 단체로 대우를 해 주는 것이다.

뒷전에서 풀어먹이는 신격은 두 가지 특징을 가지고 있다. 하나는 자신만의 고유한 영역과 기능이 없다는 것이고 또 하나는 인간이 소원을 비는 대상이 아니라는 점이다. 이는 무속에서 일반적인 신의 속성과 완전히 배치된다. 원래 굿은 뚜렷한 목적이 있고 그 목적은 매우 현실적이다. 병굿의 목적은 치병에 있고 넋굿의 목적은 죽은 영혼의 한을 풀어 저승으로 보내는 데 있다. 재수굿은 사람들이 행복하고 무탈하기를 기원하는 것이 목적이다. 이런 목적을 달성하기 위해서 무속의 신들은 인간이 행복하게 살아가는 데 필요한 곳마다 존재하고 있다. 다른 말로 하면 인간들이 살아가기 위해 필요한 자리마다 꼼꼼하게 신을 배치해 놓았다고 할 수 있다.

무속의 가장 큰 특징은 각 신마다 관장하는 고유의 영

역이 있다는 점이다. 예를 들면 성주는 집을 관장하는 신이다. 그래서 새로 집을 짓거나 이사를 가면 성주받이를 한다. 성주받이는 앞으로 가옥과 가족을 지켜 줄 새 성주를 모시는 굿이다. 천연두가 창궐하면 집집마다 손님배송굿을 했다. 손님은 천연두와 홍역을 막아 주는 신이다. 손님을 모셔서 잘 대접한 뒤에 마을 밖으로 배송함으로써 질병의 위협에서 벗어나려는 것이 굿의 목적이다. 유난히 몸이 약하고 수명이 짧을 것으로 걱정되는 경우에는 칠성에게 무병장수를 빌고, 아기가 없는 집에서는 삼신을 빌었다. 굿을 할 때 무당은 이런 신들을 차례로 모시고 대접을 하는데 해당 신이 주관하는 분야에 맞춰 인간의 소원을 빈다. 성주에게는 가운과 대주의 행운을 빌고 대감에는 재수를, 제석에게는 복을 비는 것이다. 그리하여 모든 신과 무당과 굿에 참여한 사람들이 마음을 모아 굿의 의뢰자가 최종적으로 목적을 달성할 수 있도록 하는 과정이 곧 굿이다. 그런데 뒷전에 등장하는 잡귀잡신들은 이런 특정 기능이 없는 신격인 것이다.

특정 기능이 없는 잡귀잡신들은 사람들이 소원을 비는 대상도 아니다. 독립된 하나의 굿으로 대접받는 신의 반열에 들어가지 못한 존재들이기에 이름도 없다. 그저 귀신, 잡귀, 수비, 영산 등으로 부를 뿐이다. '떠덩 굿소리

반겨 듣고' 스스로 떼를 지어 찾아왔으니 정식으로 초대 받은 존재도 아니다. 상황이 이러하니 사실상 뒷전의 신격들은 굿을 하는 사람들과도 아무 연결고리가 없다. 집안의 조상도 아니고 딱히 우리 마을 출신도 아니니 혈연, 지연을 살펴봐도 무관하기는 마찬가지이다. 하지만 굿 현장에서 뒷전은 매우 중요하다. 무당들은 아무리 굿을 잘해도 뒷전을 잘못하면 뒤탈이 있다고 말한다. 그래서 아무 무당이나 뒷전을 하지 못한다. 서울에는 뒷전무당이 따로 있었고 동해안지역에서 거리굿을 하는 양중(男巫)은 별도로 몫을 받는다. 그만큼 중요한 굿이라고 생각했던 것이다.

5. 잡귀잡신이란

뒷전에서 풀어먹이는 잡귀잡신의 성격은 서로 혼재되어 있어서 딱 떨어지게 분류하기 어렵다. 그렇지만 명칭에 따라 구분한다면 영산, 수비, 객귀가 대표적이다. 영산이나 객귀는 모두 사람이 죽어서 된 존재를 지칭한다. 수비는 큰 굿에 따라오는 졸개 같은 존재인데 그 성격이 보다 포괄적이다.

영산

시위들 하소사

부리영산은 신에 영산

산에 올라서 장녁장성은 늘어진 가지에

목을 매서도 재결영산이요

들로 내려서 만경청파에 둥실 빠져 수살영산이며

나쿠 가고 배구 가시구

서상사발을 손에 들구

허튼 머리를 비껴 께구

청 추마 옆에 끼구 거적자리를 옆에 끼고

가위 실패를 허리침에 너쿠서 울구 가던 하탈영산

거리거리에 객사영산

총 맞구 칼 맞구 가든 영산

댕구 폭격을 맞구 가든 영산이요

불에 타서두 화덕진군에 가든 영산이며

전차에 기차에 마차에 자동차 택시차 세발차 치어 가던 영산이며

부스럼 뜨겨레 가던 영산이요

폐병에 가든 영산에 냉병에 가든 영산

주마창에 가든 영산이며

오늘 많이 먹구 글게 먹구

복막염에 가든 영산에 늑막념에 가든 영산

오늘 다 이 정성 디린 끝에

이 터전에 원주루 있던 영산

집주루 있던 영산

많이 먹구 이러니 탈이 없구 저러니 탈이 없이

오늘은 고픈 배 불리구 마른 목 젹셔 가구

진 거는 먹구 가구 마른 거는 싸서 가지구서 질빵 걸어 지구 가구

여영산은 똬리바쳐 이구 가구

동자영산은 오질 앞에 싸 가지구

인정받구 노자받구 존대로 천도를 허손이다[2]

   김태곤이 채록한 서울굿 가운데 영산을 청하는 무가이
다. 김태곤은 영산을 요절하거나 횡사를 한 억울하게 죽
은 사령(死靈)이라고 했다. 영산은 비참하게 죽은 모든 사
령을 가리킨다. 결혼하지 못하고 죽은 총각이나 처녀귀
신, 물에 빠져서 죽거나 화재로 죽은 귀신, 온갖 병으로
고생하다가 죽은 귀신, 장애를 가지고 살다가 죽은 귀신,
총칼에 맞아 험한 죽음을 하거나 아기를 낳다가 피 흘리
면서 죽어 간 하탈귀, 스스로 목숨을 버린 자결귀, 자식

---

2   김태곤, 『한국무가집』 제1권, 17-18쪽, 집문당, 1971.

없이 죽은 무주고혼 등이 여기에 속한다. 억울함을 안고 죽은 뒤 한을 품고 떠도는 모든 존재들이 바로 영산이다.

수비

수비는 주신을 따라다니는 잡귀잡신의 한 종류이다. 수부라고도 하고 한자로 수배(隨陪)라고 쓰기도 한다. 대개 굿의 마지막 제차인 뒷전이나 거리굿에서 단체로 풀어먹인다. 하지만 동해안지역의 굿에서는 하나의 석이 끝날 때마다 독립적으로 수비를 풀어 준다.

어여 사재 왔네 업어내던 사재야 저내던 수부야

일적(日直) 월적(月直) 감적(年直) 시적(時直) 수부사재

동 까마귀 남 까치 서 수래기 북 부엉이

일천록 이안손 삼식신사정파 오오귀 육합식 칠진귀 팔관인 구퇴식(九宮)

천간에 갑을병정무기경신임계

지지에 자축인묘진사오미신유술해

강릉 단오굿을 비롯한 동해안지역 굿에서 하나의 굿이 끝난 뒤에 수비를 풀어먹이는 무가이다. 무녀는 굿상에서 술 한 잔을 들고 와서 그 위로 매우 빠른 장단에 맞춰

신칼을 흔들면서 굿에 따라온 수비들을 부르고 많이 먹고 가라는 주문을 외운다. 마지막에 밖에다 술을 따라 버리면 굿 한 석이 끝나는 것이다. 무녀에 따라서는 신칼을 던져 칼끝이 밖으로 나간 것을 확인하기도 한다. 수비무가는 굿마다 대동소이하다. 무가에서 보이듯이 동해안지역에서는 시간과 공간(방위)에 가득 찬 수비들을 풀어먹인다.

경기도 오산지역에서 전승되는 무가에서는 '상청 서른여덟수비 중청 스물여덟수비 하청 열여덟수비'라고 하여 우주에 떠도는 수비들을 먼저 거론한다. 군웅왕신 수비, 손신별성 수비처럼 중요한 신들을 따라다니는 수비도 있다. 사람이 죽어 수비가 되기도 한다. 우중간 남수비, 좌중간 여수비라고 하여 남녀수비를 부르고 신분이나 직업에 따라 벼루잡던 수비, 책잡던 수비 들을 구분하기도 한다. 가장 많은 것은 죽음의 형태에 따른 수비들이다. 해산영산에 간 수비, 수살영산에 간 수비, 먼길 객사 수비, 언덕 아래 낙상 수비, 염병질병에 돌아간 수비, 쥐통(콜레라, 호열자) 객사에 간 수비, 고뿔감기에 간 수비, 열삼애삼에 간 수비 등이 여기에 속한다. 모두 비참한 죽음을 한 잡귀들을 일컫는데, 실제로 뒷전에서 풀어 주는 대상은 바로 이런 수비들로 그 성격이 영산과 거의 같다.

객귀

　집을 떠나 밖에서 죽은 모든 영혼을 객귀라고 부른다. 포괄적으로는 영산에 속하지만 집 밖이라는 죽음의 공간을 강조하여 축소하면 객귀가 된다. 집을 신성하게 여긴 전통사회에서 모름지기 사람은 안방에서 태어나고 안방에서 죽어야 한다고 믿었다. 그래서 노인이 임종할 때가 되면 먼저 안방으로 옮기고 자식들이 모두 앉아 지켜보는 가운데 마지막을 맞이하는 것을 최고의 죽음으로 생각했다. 요즘은 대부분 병원에서 사망하고 조문도 병원의 장례식장에서 받는다. 전통적 가치관에서 보면 모두 객사인 셈이다. 사실 50여 년 전까지만 해도 병원에서 회복이 어렵다고 판단한 환자는 미리 퇴원시켜 집으로 돌려보내는 경우가 많았다. 특히 노인들은 집에서 임종할 수 있도록 배려했는데 모두 객사를 면하게 하려는 의도였다.

　평생 아무 굴곡 없이 편안하게 살았다고 해도 마지막 순간 집 밖에서 죽으면 모든 것이 허사가 된다. 집 밖에서 죽은 영혼은 객귀가 되기 때문이다. 객귀는 조상의 반열에 들어가지 못하는 하위 신격이다. 집 밖에서 죽음을 맞이하여 객귀가 되면 온전한 조상이 되지 못하고 제사를 받을 수 없는 비참한 존재로 떨어진다. 객귀는 그 한 때문에 저승에 들지 못하고 이승과 저승을 떠돌면서 사람들에게 해를 입히는 잡귀잡신이 되는 것이다.

6. 뒷전무당이 따로 있었다

뒷전도 굿의 한 제차이기 때문에 당연히 무당이 한다. 하지만 뒷전은 아무 무당이나 하는 것이 아니라 이를 전담하는 무당이 따로 있었다. 형식성이 강한 서울지역에는 원무당, 창부무당, 뒷전무당이 있어서 엄격하게 구분하여 굿을 맡겼다. 원무당은 신내림을 받은 강신무들로 가망, 산마누라, 불사, 군웅 등 중요한 굿을 담당했다. 원무당은 춤과 노래, 신화구연으로 굿을 하고 신이 실려 공수를 주거나 칼에 올라가는 묘기를 보여 주기도 했다. 창부무당은 예능신을 모시는 창부거리를 담당했는데 신들리지 않아도 가능했다고 한다. 뒷전무당은 마지막에 잡귀를 풀어먹이는 뒷전만 담당했다. 뒷전은 연극적이었기에 굳이 신들리지 않아도 할 수 있었다. 이들은 무복을 입지 않고 장구 치는 여악사 기대와 함께 뒷전을 했다.

세습무권인 경기도와 동해안지역에서는 남자들이 뒷전을 담당했다. 경기도 도당굿에서는 화랭이 또는 사니

라고 부르는 남자굿꾼이 뒷전을 맡았다. 동해안지역에서
도 화랭이 또는 양중이라고 부르는 남자굿꾼이 거리굿을
했다. 원래 세습무권에서는 여자만 굿이라는 의례를 주
제하는 사제이다. 따라서 남자가 뒷전을 맡았다는 것은
무녀가 주제하는 일반 굿과의 거리를 드러내는 것이다.
마치 서울굿에서 뒷전무당이 따로 있었던 것과 유사한
맥락이다.

7. 뒷전은 굿하는 법이 다르다

무당굿은 무속에서 신앙하는 여러 신을 모시는 의례인
데 그 순서가 엄격하게 짜여 있다. 먼저 부정을 쳐서 굿
청을 깨끗하게 만든 후에 순서에 따라 신을 모신다. 마지
막에 뒷전으로 잡귀를 물리면 끝나는 것이다. 이런 굿의
구조를 흔히 청신(請神), 오신(娛神, 신과 인간의 만남), 송
신(送神)이라고 한다. 부정, 청배로 신을 청한 뒤에 오신
과정에서 특정한 분야를 관장하는 여러 신을 차례로 모
신다. 이를 합해서 본굿이라고 부른다면 본굿과 뒷전은
굿하는 법이 상당히 다르다. 신의 성격과 굿의 목적이 서
로 다르기 때문이다.

본굿은 무당의 춤과 노래, 신화구연, 축원 등으로 이루어진다. 신들린 무당은 특별히 신의 말을 전하는 공수를 주고 신이 굿청에 강림했음을 증명하는 아찔한 묘기도 보여 준다. 작두타기 같은 굿이 대표적이다. 무당이 정성을 다해 정중하게 신을 청하여 맛있는 음식과 춤, 노래로 대접한 뒤에 인간의 복을 비는 것이 바로 굿이다. 무복이나 무구는 신과 특별한 관계에 있다. 특별히 강신무는 무복에 신이 따라온다고 믿어서 신마다 옷이 다르다. 굿을 할 때는 천천히 무복을 입고 모자를 쓰고 월도, 삼지창, 부채 같은 무구를 드는데 그 과정 자체가 청신에 들어간다. 이 과정에서 무당이 인격전환을 일으켜 신들린다고 믿기 때문이다. 강신무처럼 다양하지는 않지만 세습무 역시 쾌자나 활옷 등의 무복을 입어 신을 모시는 사제임을 보여 준다.

하지만 뒷전은 이런 양식을 따르지 않는다. 아예 무복을 입지 않을 뿐 아니라 신화구연을 통해 신을 청하는 법도 없다. 춤과 노래로 신을 칭송하지도 않는다. 부채나 월도처럼 신의 위상을 보여 주는 무구를 드는 대신 주변에서 구한 바가지나 새끼줄 따위를 극적 상황에 따른 소도구로 사용한다. 굳이 따진다면 무구는 신칼이 유일한데 이 역시 신의 위엄을 보여 주는 데 사용하는 것이 아

니라 마지막에 땅에 던져 잡귀가 다 먹고 물러갔는지 확
인하는 데 쓰는 것이다.

뒷전은 신을 칭송하는 굿이 아니다. 대신 잡귀잡신이
당한 험한 죽음의 장면을 극적으로 보여 주면서 그들의
아픔을 위로할 따름이다.

8. 뒷전은 연극이다

모름지기 굿을 하려면 먼저 신을 청해야 한다. 굿이란
신과 인간의 만남을 전제하는 것이니 신을 굿청으로 불
러들여야 굿을 시작할 수 있다. 굿에서 신을 청하는 기본
적인 방법은 신의 이름을 부르는 것이다. 자기 이름을 부
르면 오는 것은 인간이나 신이나 심지어 동물도 마찬가
지이다. 그런데 굿에는 이보다 더 본격적인 청신 방법이
있다. 바로 신화구연이다. 신이 되기까지의 스토리를 무
당이 노래하는 것으로 이를 본(本)풀이라고 한다. 신이
자신의 이야기를 노래하는 것을 들으면 반가운 마음에
굿판으로 내려온다는 발상이다. 그런데 이런 신화구연은
본굿에만 있을 뿐이고 뒷전에는 없다. 대신 뒷전무당은
연극을 한다. 뒷전은 무당이 대뜸 여러 혼신의 모습을 극

으로 보여 주면서 시작하는 것이다.

왜 이렇게 굿하는 방법이 다를까? 둘의 차이는 대접하는 신격이 다르기 때문에 자연스럽게 생긴 것이다. '신은 본을 풀면 신나락만나락 하시고 인간은 본을 풀면 백년 웬수 되는 법이옵니다' 제주도의 심방이 본풀이를 하기 전에 하는 말이다. 신은 완전한 존재이다. 세세히 근본을 풀어도 아무 흠이 없으니 신의 이야기를 하면 모두 칭찬이요 칭송이다. 신이 신날 수밖에 없는 이치이다. 반면 인간은 불완전하다. 허물도 많고 잘못한 일도 많은 존재이니 근본을 풀면 그런 것이 만천하에 다 드러나게 마련이다. 숨기고 싶은 허물을 폭로한 상대방과 죽을 때까지 원수가 되지 않을 수 없다. 그런데 뒷전의 대상은 살았을 때 가장 불완전하고 허물이 많아 정상적인 죽음조차 못한 존재들이다. 단연코 본풀이로 청신을 할 수 없는 이유이다.

그렇다면 뒷전은 왜 드라마라는 형식을 빌었을까? 하나의 신을 모시는 일반 굿과 달리 뒷전에는 수많은 잡귀들이 찾아온다. 뒷전을 찾아오는 잡귀잡신들은 그 수만큼이나 많은 사연을 지니고 있다. 그 사연을 핵심적으로 보여 주는 데 연극만큼 적절한 형식이 없을 것이다. 연극은 인물의 성격을 짧은 시간 내에 가장 입체적이고 효과적으로 드러낼 수 있기 때문이다. 뒷전의 제재 또한 연극과 유사하다. 연극은 인간과 인간, 인간과 사회의 갈등을 표현하는 예술이다. 그런데 뒷전의 내용을 보면 인간의 힘으로 어쩔 수 없는 초자연적 존재 또는 자연과의 갈등보다는 인간사회의 갈등이 주를 이루고 있다. 한 예로 자결귀를 들어 보자. 아무 이유 없이 자살하는 사람은 없다. 황해도 마당굿의 자결귀는 시어머니의 시집살이를 이기지 못하고 자살한 여인이다. 시어머니가 너무 무서워서 끼니도 제대로 먹지 못했다. 굿판에 와서는 고픈 배를 채우려고 허겁지겁 음식을 주워 먹다가 목이 메고 만다. 별다른 설명이 없어도 몇 마디 대사와 흉내만으로 관중은 가엾은 여인의 죽음을 손에 잡히는 듯 보게 되고 공감하는 것이다.

원래 굿은 인간의 힘으로 어쩔 수 없는 상황에서 절대자인 신에게 도움을 청하는 의례이다. 하지만 뒷전은 다르다. 인간사회의 구조적 모순 때문에 고통받는 다양한 민중이 등장한다. 이들이 겪는 갈등과 아픔을 생생하게 그려 내려면 결국 연극이라는 장르를 선택하지 않을 수 없는 것이다.

9. 왜 굳이 코미디인가

찰리 채플린은 말했다. 인생은 가까이서 보면 비극이고 멀리서 보면 희극이라고. 인생을 객관적으로 보여 주고 싶은 연극인이 희극을 택하는 이유일 것이다. 뒷전을 노는 무당이 찰리 채플린의 존재를 알았을 리 만무한데 어쩌면 이리도 절묘하게 맞아떨어지는 것일까. 뒷전무당은 비극이라고밖에 말할 수 없는 인생을 굳이 희극으로 표현해 내고 있다.

뒷전에는 험한 죽음을 당한 존재들이 찾아온다. 무당은 그들이 죽음으로 가기까지의 고통을 보여 준다. 평생 차별받고 무시당하면서 사는 장애인, 평생 가난에서 벗어나지 못하다가 비참한 죽음을 당한 수많은 민초들, 오로지 여자로 태어났기에 평생 부당한 대접을 받았던 어머니, 할머니, 이웃의 삶이 적나라하게 묘사된다. 그러나 비극적인 그 모든 과정은 웃음으로 처리된다. 무당은 비참한 삶과 죽음에 매몰되지 않고 웃음으로 표현해 낸다. 비극적인 삶의 내용을 한 발 떨어져 희극적 거리를 유지하며 그려 내는 것이 바로 뒷전인 것이다. 그런데 무당만 그렇게 하는 것이 아니다. 관중 역시 견디기 힘든 참담함을 웃어 낸다. 고통을 함께 웃는 웃음으로 이겨 내는 수

준 높은 관중의 문화를 보여 준다. 이런 독특한 분위기가 하루아침에 이루어진 것은 아닐 것이다. 오랜 경험을 통해 웃음만이 역경을 이겨 낼 수 있다는 것을 알고 있는 민중의 저력이고 굿문화의 힘이다.

10. 뒷전은 왜 중요하다고 할까

뒷전에 등장하는 잡귀잡신은 굿을 의뢰한 사람들과 아무 상관없는 존재이다. 굿이란 간절하게 바라는 것이 있어서 하는 법인데 정작 뒷전은 소원을 비는 대상이 될 수 없는 보잘것없는 존재들을 위한 굿이다. 그런데 무속에서는 왜 이렇게 뒷전을 중요하게 생각하는 것일까.

이는 뒷전이 무속신앙의 본질과 가장 닿아 있기 때문일 것이다. 뒷전에 등장하는 인물은 모두 아프다. 병들어 몸이 아프고 돌봐 주는 사람이 없어 마음도 아프다. 이 땅에서 힘들게 살다가 죽음조차 편치 못했던 존재들이다. 아무도 돌봐 주는 후손이 없어서 떠돌아다니는 존재들이다. 돌아보면 그런 존재들은 천지사방 어디에나 있다. 가까운 주변에도 있고 먼 곳에도 있고 과거에도 있고 미래에도 있을 존재들이다. 뒷전에서는 굳이 이들을 기억하고 남은 음식이나마 배불리 먹이고 마른 목을 축여 가라고 청한다.

물리적으로는 나와 아무런 상관이 없지만 어딘가 누군가의 불행한 삶과 참혹한 죽음은 우리 모두에게 영향을 미칠 수 있다. '일체중생이 제도되지 않는 한 결단코 성불하지 않겠다'는 지장보살은 아니지만 우리의 삶은 서로 어떤 끈으로 엮여 있는지 모르는 일이다. 무속은 세상의 모든 존재의 아픔이 곧 나와 우리 삶에 영향을 미칠 수 있다는 생각과, 힘이 닿는다면 그 아픔을 풀어 주어야 한다는 민중의 사고를 반영하는 신앙이다.

이 연대는 살아 있는 생명만이 아니라 이미 죽은 존재들도 포함한다. 살아생전 해결되지 못한 아픔과 고통은 한을 남긴다. 하릴없이 죽어 버려 본인의 힘으로는 도저히 풀 수 없기에 그 한은 더욱이나 깊고 아플 것이다. 이들의 한을 기억하고 적극적으로 풀어 주려는 것이 바로 뒷전이다. 인간을 도와준다고 믿는 신에게 의지하되 나의 도움을 기다리는 작은 존재들을 잊지 않는 것, 그리하여 공생하는 삶이야말로 무속이 지향하는 세계이다.

2장

뒷전에 대한 개인적인 경험들

1. 서울 뒷전

품위 있는 서울 무녀들의 기억

나는 서울굿으로 굿공부를 시작했다. 대학원에서 연극학을 전공하고 있었는데 우연히 인왕산 국사당에서 본 진오기굿이 삶과 죽음을 주제로 하는 한 편의 연극 같은 느낌이 들어서 본격적으로 굿판을 찾아다니기 시작했다. 무속은 한강과 백두대간을 중심으로 사제의 성격이 다르다. 기본적으로는 한강 이남, 백두대간 동쪽이 세습무권이고 한강 이북, 백두대간 서쪽이 신들린 무당권에 속한다. 지금은 강남이 대세라고 하지만 원래 서울 한양의 중심은 궁과 관청이 있던 강북지역이다. 그래서 서울은 신들린 무당이 굿을 했다. 공부를 시작한 1970년대 후반은 새마을운동이 한창이었다. 마을 지킴이 서낭당이 사라지고 한밤중 덕망 있는 마을 어른들이 뒷산에 올라가 정중하게 모시던 동제의 전승이 끊어지던 시절이다. 서울에서는 이미 집에서 하는 굿은 보기가 어려웠다. 은평구에 살았던 나는 가까운 영천지역의 굿당을 찾아다녔다. 굿당은 집에서 하는 굿이 사라지면서 전문적으로 개인이 의뢰한 굿을 하는 당집이다. 서대문에서 영천에 이르는 지역에는 국사당, 할미당, 사신당 같은 오랜 굿당들이 있었다.

국사당은 조선조 왕들을 모시던 당이다. 원래 남산 꼭대기에 있었는데 일제강점기 때 일본이 남산 기슭에 조선신궁을 지으면서 지금의 인왕산 선바위 밑으로 옮겨왔다. 할미당은 영친왕의 마마굿을 했다는 당이다. 영친왕의 생모인 엄비가 굿을 보다가 앉을 자리가 좁다면서 아랫당을 지어 주었다고 한다. 사신당은 중국 사신이 죽은 자리에 그 넋을 위로하기 위해서 지은 당이다. 원래는 사당이었는데 후대에 주로 맹인 경객들이 경을 읽다가 굿당으로 바뀌었다. 이처럼 유서 깊은 굿당에서는 소위 구파발계 무당들이 굿을 했다. 서울굿은 서울 외곽의 서쪽 구파발본, 남쪽 노들본, 동쪽 각심절본으로 지역이 나

뉘고 굿하는 방식도 조금씩 달랐다. 시기는 알기 어렵지만 무속이 탄압을 받을 때 서울 중심에서 쫓겨난 무당들이 각각 외곽에 자리를 잡으면서 파가 형성되었을 것으로 짐작된다. 하지만 서울의 가장 큰무당으로 이름이 났던 노들순자(최순자)는 반드시 할미당에서 굿을 했다. 별호가 말해 주듯 노들순자는 노들본의 거두였다. 열 살 차이도 나지 않는 박종복(숭인동 돼지엄마)을 비롯한 서울의 유명한 만신들이 모두 어머니라고 부르면서 따랐다. 노들순자는 환갑을 조금 넘긴 나이에 할미당에서 굿을 하다가 급사했다.

지금 생각하면 당시 서울에는 참 굿을 잘하는 무녀들이 많았다. 앉은부정을 쳐도 품위가 있었고 바리공주의 일대기를 창하는 말미는 비장했다. 진오기굿에서 무녀가 큰머리를 쓰고 열두폭 치마를 떨쳐 입고 도령을 돌 때는 정말 바리공주가 하강하여 저승으로 망자를 인도하는 것 같았다. 굿 하나를 보면 한 편의 연극을 본 것 같은 감동이 일었다. 내 관점에서 볼 때 굿은 매우 연극적이었다. 하지만 연극적 의례이지 연극은 아니었다. 혹시 연극처럼 하는 굿은 없냐고 물었더니 악사들이 뒷전이 바로 연극이라고 일러 주었다. 옛날에는 뒷전무당이 따로 있었다면서 그것도 열두 거리를 다 한다는 것이었다.

서울 진오기굿 도령 돌기. 지긋한 서울 무녀의 품위를 느낄 수 있다. ⓒ김수남사진

말로 주워섬기는 뒷전

나는 관심을 가지고 뒷전을 보았다. 그러나 굿당에서
하는 재수굿이나 진오기굿의 뒷전은 매우 간략하게 진행
되었다. 떠돌이 잡귀를 놀리는 뒷전은 마당에서 한다.
뒷전은 맨 마지막에 하기 때문에 전깃불도 없는 마당은
이미 사위가 어둑하다. 하루 종일 굿을 하여 지친 무녀
는 마음이 급하다. 무녀는 마당 가운데 뒷전상을 놓고
장구재비와 마주 선 채 굿을 시작한다. 이미 굿을 의뢰한
기주는 집으로 돌아갔고 무녀 두엇이 당 안에서 주섬주
섬 정리를 하면서 마당을 내다본다. 어서 끝내라는 은근
한 압박 속에서 뒷전무녀는 한 손에 막걸리 한 사발, 또
한 손에 신칼을 들고는 랩보다 더 빠른 속도로 험한 죽음

을 한 온갖 수비 영산을 주워섬겼다.

세상에는 참 여러 형태의 죽음이 있다. 너무 빨라서 흘리는 말이 많지만 들리는 것만 추려도 정말 다양하다. 대부분은 산에 올라가 나무에 목을 매 죽은 자결영산이 제일 먼저 등장한다. 그다음에는 물에 빠져 죽은 수살영 산이다. 이어서 아기를 밴 채로 죽거나 낳다가 죽은 하탈영산, 약을 먹고 죽은 자결영산을 풀어 먹인 후에는 맹장염이다 위암이다 온갖 병명이 나온다. 대부분의 사람들이 병에 걸려 앓다가 결국 이기지 못하고 세상을 떠난다. 병처럼 참혹한 것이 어디 있을까. 불과 몇 달 전만 해도 멀쩡하던 사람도 병에 걸리면 온몸이 아파 구르면서 고통을 호소하다가 허무하게 가 버린다.

아무리 힘없는 잡귀들이라지만 미처 발도 못 드밀고 뒤돌아서 가야 할 정도로 빠른 속도였다. 그리 급하니 뭐 얻어먹을 수나 있을까 싶었다. 그렇게 정신없이 입을 놀린 무녀는 막걸리 한 사발을 마당에 뿌리고 칼자루를 휘휘 돌리다가 대문 밖에 던지는 것으로 굿을 마쳤다. 칼끝이 밖으로 나가면 잡귀들이 다 얻어먹고 물러난다는 것이지만 과연 그런 대접을 받은 잡귀들이 만족했을까. 신의 세계에서 잡귀들의 서열이 얼마나 낮은지 한눈에 보이는 듯한 굿이었다.

서울 마을굿의 기억

그러다가 만난 뒷전이 바로 답십리 도당굿이다. 서울 지역의 진오기굿으로 석사논문을 쓴 다음, 내 관심은 마을 단위 공동체굿으로 바뀌었다. 나는 어느 마을에서 당굿을 한다는 이야기만 들으면 쪼르르 찾아갔다. 한강을 끼고 한남동, 이태원, 노량진, 보광동, 동부이촌동, 밤섬 등에서 하는 부군당굿을 제일 먼저 보았다. 그런데 초이튿날 하는 밤섬을 제외하고는 모두 정월 초하루, 즉 설날에 굿을 하기 때문에 1년에 한 마을의 굿밖에 볼 수가 없었다. 게다가 부군당굿에서는 국사당이나 할미당에서 하는 것과 다르지 않게 뒷전을 간단하게 물렸다. 그렇게 서울 뒷전에 대한 관심이 수그러들 무렵 답십리 도당굿을 보게 된 것이다. 서울 당굿에서 밤샘을 하는 곳은 밤섬과 답십리뿐이다. 그만큼 전통을 잘 지키고 있다는 뜻이다. 밤새워 굿을 한 뒤 아침녘에 물리는 뒷전을 보면서 왜 이 굿이 중요한지 처음으로 그 의미가 마음 깊숙이 들어왔다.

1980년대 초반 무렵 서울에서 당굿을 가장 많이 한 무녀는 오토바이였다. 박어진이라는 본명은 학자들이나 확인할 뿐이고 모두 그녀를 오토바이라는 별호로 불렀다. 젊었을 때 남편이 오토바이 가게를 했기 때문이다. 오토바이는 전형적인 서울만신의 얼굴을 갖고 있었다. 맏며느리 같은 안정감을 주는 인상에 쉰 듯한 목소리는 정감이 있어 아무리 오래 들어도 피곤하거나 싫증이 나지 않는다. 얼굴은 넙데데하게 살집이 붙고 숱 없는 머리칼을 바싹 뒤로 넘겨 쪽을 지었다. 매끈하게 기름을 바른 머리에는 칠보 입힌 금비녀, 여름이면 옥비녀가 큼지막하게 꽂혀 있었다. 오토바이는 쪽진머리를 하지 않은 무녀는 정통 서울만신이 아니라고 생각했다. 세상이 어떻게 바뀌어도 만신은 '새로 새 법 내지 않고 옛 법 따르는 법'이다. 그녀에게 쪽진머리는 무녀의 자존심이자 상징이었다. 오토바이 만신을 통해서 답십리 도당굿을 보게 되었는데 서울지역의 도당굿은 그때가 처음이었다. 그 후에 봉화산 도당굿과 일산 말머리 도당굿을 보았다. 지금 생각해도 세 마을굿 가운데 답십리 도당굿이 가장 좋았는데 지금 두 마을굿은 전승이 이어지는 반면 답십리는 중단되고 말았다.

답십리 도당굿의 유별난 지극정성

한강변에서 하는 부군당굿과 달리 도당굿은 주로 농촌에서 하는 마을굿의 명칭이다. 1984년 가을, 답십리는 농촌에서 급속하게 도시화가 이루어지는 개발의 현장이

답십리 도당굿. 한밤중에 올리는 경건한 제사 ⓒ김수남사진

었다. 이미 논밭을 팔아 마을을 떠난 사람들이 적지 않았
다. 그렇지만 도당굿을 하는 토박이들은 아직 전형적인
농민의 마음을 지니고 있었다. 새벽에 시작해서 저녁에
끝나는 부군당굿과 달리 하룻밤을 꼬박 새우는 답십리
도당굿에서는 정직한 땅의 소득을 믿으면서 살아온 농민
들의 넉넉한 여유가 느껴졌다.

　울창한 고목에 둘러싸인 답십리 도당은 집을 짓지 않
았다. 시멘트 벽돌로 가벽을 치고 한쪽에 자연석 제단이
있을 뿐이다. 집으로 지은 당은 후대의 모습이기에 서울
에서는 좀체 보기 어려운 자연스러운 옛날 형태의 당이
었다. 이런 당은 평소에는 아무나 무람없이 드나들다가
굿을 할 때만 금색을 하여 신성한 공간이 된다. 차일을 치

고 돌제단 뒤쪽에 병풍을 둘러 제물을 진설하는 것이다.

답십리는 제관을 선정하는 방법이 독특했다. 음력 시월 초하루 새벽 세 시, 마을의 남자 어른들은 모두 당에 올라가 사실을 뗀다. 각자 창호지에 이름을 적고 팥 스물한 개씩 싸서 물동이 안에 넣고 가만히 엎드려 기다린다. 시간이 흐르고, 팥을 싼 종이가 물 위로 동동 떠오르는 사람 중에서 순서대로 제물을 맡는 도가 한 명과 동제를 수행하는 소임 다섯 명을 그해의 제관으로 선정하는 것인데 이 과정을 '사실뗀다'고 말한다. 사실은 사슬을 말하는 것으로 점치는 댓가지라고 한다. 서울굿에는 쌀 위에 월도를 세우거나 삼지창에 통돼지를 얹어 세우는 것을 사슬세운다고 하여 신의 의향을 알아보는 내용이 있다. 즉 사실, 사슬떼는 것은 곧 신의 뜻을 알아보려는 것이다. 답십리는 사실을 통해 신이 직접 선택한 제관들이 마을 주민들을 대표하여 도당굿을 주관케 한다. 모든 것을 신의 뜻에 따르려는 겸손한 농민의 마음이 고스란히 담겨 있다. 굿 비용은 집집마다 추렴해서 모은 쌀과 돈으로 충당하고 모든 제물을 도가와 소임들이 당 안에서 장만하는 등 각별한 정성이 느껴지는 마을이었다.

굿하는 동안에는 아무도 마을에 들어오지 못한다

답십리 도당굿은 늦가을 어둑한 저녁 무렵 동네 입구에 작은 상을 차리고 거리부정을 치는 것으로 시작했다. 무녀는 장구를 치면서 부정무가를 부른다. 30여 분 걸려 굿이 끝났는데 끝이 아니었다. 마을로 들어오는 입구가 또 하나 있다면서 반대편으로 가서 다시 한 번 거리부정을 치는 것이었다. 마을 앞뒤에서 두 번이나 부정을 가셨으니 마을은 더없이 청정해졌다. 이제부터는 굿이 끝날 때까지 아무도 마을 안으로 들어오지 못한다. 만약 이 시간에 구글에서 검색해 본다면 답십리는 아예 지도에 뜨지 않을지도 모른다. 굿이 끝나는 내일 새벽까지 답십리는 세속의 마을이 아니다. 신성한 시간과 공간 속에서 그들의 신과 마을 주민들만 존재하는 오롯이 독립된 또 하나의 우주였다.

정갈하게 두루마기를 입은 제관들은 묵묵히 당 안에서 밤이 깊어지기를 기다렸다. 시간이 되자 제관들은 손발을 씻은 뒤에 메를 짓고 조라술을 거른다. 조용히 할 일만 할 뿐 서로 말도 건네지 않는다. 무녀들도 소곤소곤, 늦게 도착한 악사들도 꾸벅 인사만 하고는 잠잠, 매우 경건한 분위기이다. 그렇게 말없이 차려진 굿상은 푸짐하다. 도당시루, 성주시루, 대감시루 등 온갖 신들을 위한 떡과 각종 나물, 산적에 웃기를 올린 음식들은 지화로 장식되어 화려하기도 한데 그중에서 가장 걸진 제물은 단연 왼쪽에 넉넉히 자리한 통돼지 한 마리. 마장동 우시장에 두 번이나 가서 사 왔다는 검정 수퇘지가 네 다리를 주욱 뻗고 엎드려 있다.

자정이 되자 비로소 제사를 모신다. 긴장감이 감도는 가운데 제관들은 잔을 올리고 깊숙이 절한다. 초헌관(初獻官)이 메의 뚜껑을 열어 만조상님과 모든 신들을 대접하고 축관은 마을의 안과태평을 기원하는 축을 고한다. 이어서 아헌관(亞獻官), 종헌관(終獻官)이 잔을 올린 후 축을 태우는 것으로 제사를 마친다. 여기까지는 보통 마을 제사와 크게 다르지 않았다. 제사는 경건했고 홀기를 부는 정통 유교식은 아니라고 해도 삼헌관이 마을 주민들을 대표해서 신에게 정성을 올렸다. 하지만 제사가 끝나자마자 갑자기 도가와 소임들이 일어나 두 손을 높이 올리면서 춤을 추기 시작했다. 악사들은 자연스럽게 연주를 한다. 건건드러진 도드리장단에 맞춰 각자 멋지게 돌아가는 이 춤은 도당신을 기쁘게 하기 위해서 추는 것이라고 하는데 단순하지만 근사하다. 그런데 장단이 점차 빨라진다. 굿거리를 지나 당악장단으로 바뀌면서 이제는 신이 아니라 본인들이 흥에 겨워 춤을 추는 모양새이다.

역시 춤의 끝판왕은 막춤이다. 술자리에 빠지지 않는 막춤으로 바뀌자 그동안 먼발치에서 구경하던 아주머니들도 웃으면서 즐거워한다. 춤판에 끼어들지는 않았지만 아주머니들의 발도 장단 따라 부산히 움직이고 있었다. 경건한 유교식 제사에서 너무나 자연스럽게 굿으로 넘어가는 현장이었다. 어쩌면 이런 신명을 더 극적으로 느끼기 위해 엄숙한 제사가 동반되었는지도 모를 반전이 매우 유쾌했다.

한바탕 춤이 끝난 뒤 무녀는 단정하게 장구 앞에 앉아서 부정을 쳤다. 앉은부정으로 굿청이 깨끗해지자 당주 무녀가 양손에 길게 자른 가망종이를 나눠 쥐고 가망과 본향을 놀았다. 젊고 고운 무녀가 들어서 품위 있게 상산마누라굿을 하고 달아서 별상, 신장굿까지 하면 대감굿 차례이다. 무녀는 통돼지를 보고 매우 기꺼워하며 손뼉을 친다. 족발을 들고 허튼타령에 춤을 추더니 머리에 시루를 이고 대감타령을 부른다.

'어수나! 좋다! 사망이야! 우르르르…' 무녀가 춤을 추면서 부채와 족발로 복을 주면 아주머니들은 서로 치마폭을 펼쳐 들고 복을 받아 감싼다. 한바탕 놀이가 끝났는데 밖에는 조금씩 비가 내리기 시작했다. 그렇지만 도깨비대감을 놀려면 당 아래로 내려가야 한다. 깜깜한 밤중,

무녀는 시루를 머리에 인 채 당 주변을 한 번 돌고는 당 아래로 내려가 굵은 소나무를 신체로 하는 도깨비대감을 놀았다. 신심 깊은 제관들과 아주머니들이 비를 맞으면서도 함께 내려가 도깨비대감을 영접한다.

'며느리 춤추는 꼴 보기 싫어 굿 안 한다'

좀 춥기도 하고 복도 받을 겸 대감이 준 막걸리를 한두 잔씩 받아 마신 마을 어른들은 대부분 얼큰하게 취해 있는데 마침 무감 차례가 되었다. 무당이 아닌 일반인이 무복을 입고 춤추는 것을 무감이라고 한다. 중개자인 무당을 통하지 않고 직접 신과 접촉하는 춤이다. 무감은 도가부터 시작하여 제관들이 춤을 추고 나머지 사람들의 순서로 진행되었다. 무감을 놀 때는 먼저 어설프지만 무복을 입은 후 신에게 큰절 올린 다음에 천천히 팔을 양옆으로 펼치면서 춤을 시작한다. 느리게 춤추는 것이 어렵다. 어색하게 팔을 놀리다 보면 장단이 빨라진다. 점차 빨라진 장단은 무감을 노는 사람이 위아래로 뛰기 시작하면 곧 잦은 당악으로 바뀐다. 무녀의 손에서 장구채가 빠져나갈 만큼 빠른 장단이다. 처음에는 품위를 지키던 사람도 장단에 따라 발이 바닥에 닿을 새 없이 빨라지고 마침내 흥에 겨워 두 팔을 앞뒤로 내던지며 상하로 뛰는 신명은 웬만한 무당 못지않았다. 제관들이 춤을 춘 다음에는 동네 할머니와 아주머니들 차례이다. '며느리 춤추는 꼴 보기 싫어서 굿 안 한다'는 말이 그저 생긴 것이 아니다. 남자들보다 여자들의 무감이 훨씬 길고 질기고 집중도가 뛰어났다. 팔이 아픈 장구재비가 장단을 몰아친다. 빠른 장단에 춤추다가 힘이 부쳐 금방 지치기를 바라는 것이다. 그러나 아주머니들은 이에 굴하지 않고 신명이 다 할 때까지 춤을 추었다. 춤을 다 추고 나면 바닥에 쓰러져 혼자 힘으로 무복을 벗지도 못할 정도였다.

이렇게 후끈한 밤이 지나고 새벽이 되자 당 안에는 늦가을의 쌀쌀함이 드리웠다. 어느덧 무녀 앞에는 남자 어른보다 아주머니들이 더 많이 서 있다. 장삼을 입고 제석굿을 하는 무녀는 아주머니들에게 일일이 개인적인 공수를 주면서 잠을 쫓았다. 무녀에게 가족들 성과 나이를 대주면 무녀는 잠시 생각을 하다가 공수를 내린다. "할아버지 술 그만 드시고 건강 조심하라고 하세요!" "올해는 큰아드님 승진하시겠어요. 운이 좋아요." "아들보다 며느리 사주가 더 좋네." "분가시키는 게 어떠냐구요? 아이고, 얼른 내보내요! 십 년 데리고 살았으면 됐지, 요즘 누가 시부모 모셔요." 자기 집 이야기만 흥미로운 것이 아니다. 수십 년 함께 살아온 이웃집 이야기도 관심이 가기

는 마찬가지이니 졸릴 틈이 없다. "맞아. 괜히 속 끓이지
말고 내보내! 요즘은 며느리 시집살이가 더 무섭대!" 한
집안의 고부갈등이 눈치 빠른 무녀와 동네 아주머니들
여론을 거쳐 나름 합리적으로 풀어지는 현장이다.

제석굿을 한 뒤에 늙은 무녀가 황제풀이를 부르기 시
작했다. 성주신을 모셔 집 짓고 집치장하는 긴 무가인데
무녀 혼자 장구를 치면서 노래한다. 앞서 대감굿을 하다
가 술을 몇 잔 먹은 무녀는 절반은 졸면서 입에서 나오는
대로 부르는 것 같은데 수십 년 내공이 헛되지 않아 문서
가 좋다. 굵고 실한 황장목을 베어 전국의 대목들이 정성
으로 지은 대궐 같은 집에 온갖 음식과 비단이 가득가득
한 집치장을 듣다 보니 왠지 부자가 된 듯이 흐뭇하다.
이제 십여 명으로 줄어든 노인들은 대부분 술에 취했지
만 여전히 꼿꼿하게 앉아 귀를 기울인다. 졸고 계시는 두
어 분은 아마 새집 짓고 부자가 되는 꿈을 꾸시는 것은
아닐까.

뒷전을 해야 굿이 끝난다

드디어 동이 트고 희미하게나마 사물을 분간할 수 있
게 되었다. 꼬박 밤을 새운 주민들은 모두 붉게 충혈된
눈으로 굿이 끝나기를 기다리고 있다. 무녀는 당 밖으로

나와 구능굿을 한다. 닭 두 마리를 들고 춤추고는 마을 밖을 향해 사방으로 화살을 쏘아 잡귀를 물렸다. 바지저고리만 입은 노인 한 분이 오쟁이를 지고 춤을 추면서 굿청으로 온다. 오쟁이 안에는 짚신과 잘게 자른 베조각이 들어 있다. 짚신이 든 것으로 봐서는 먼 길을 떠날 모양이다. 무녀는 오쟁이 안에 족발과 떡을 넣어 주면서 저 멀리 훨훨 가라고 한다. 아주머니 몇 명은 오쟁이 안에 돈을 넣어 주었다. 제법 무거워진 오쟁이를 지고 노인은 두 팔을 올려 슬쩍슬쩍 춤을 추면서 아직 어두운 새벽 마을 밖으로 천천히 사라졌다.

이제 드디어 마지막 거리, 뒷전을 한다. 평복의 무녀는 만수받이로 여러 잡신들을 청한 뒤에 뒷전상 앞에서 지신할머니를 놀린다. 애를 많이 낳아서 뒤가 좋지 않은 할머니인데 냄새를 맡고 동네 개들이 쫓아온단다. 둘러선 아주머니들이 민망한 듯 소리 죽여 웃는다. 무녀가 뱃속에 바가지를 넣은 뒤에 해산하는 흉내를 찰지게 낸다. 한참을 배가 아프다고 뒹굴더니 치맛속에서 바가지를 쑥 꺼낸다. 아주머니들이 노인 한 분을 부른다. 아들이 장가 간 지 십 년이 넘었는데 아직 손주가 없단다. 노인은 무녀의 축원과 함께 붉은 사과 하나를 돈 주고 샀다. 이제 곧 손주 보시겠다면서 아주머니들도 덕담을 해 준다.

답십리 도당굿. 뒷전을 노는 무녀.　　©김수남사진

　　나무 막대기를 짚은 장님이 등장했다. 장님은 더듬더
듬 물을 건너다가 풍덩 빠진다. 간신히 일어난 장님은 온
갖 나물을 주워섬기면서 한동안 신세 한탄을 했다. 뒷전
이 생각보다 길다. 밤새 피곤할 텐데 무녀는 마지막까지
최선을 다하는 정성을 보인다. 주민들 역시 허리와 어깨
를 두드리면서도 장님이 물을 건너가다 빠져 허둥대는
모습에 배를 잡고 웃는다. 무녀의 주변을 빙 둘러선 채
새로운 잡귀가 들어올 때마다 막걸리를 건네주고 돈 몇
푼을 뒷전상에 놓아 주면서 충실한 관객의 역할을 수행

했다. 비록 제대로 무복을 갖춰 입은 것도 아니고 악사들은 이미 떠나 장구재비 한 사람을 상대로 하는 굿이지만 무녀나 주민들 모두 뒷전이 중요하다는 사실을 인지하는 분위기였다.

마침내 약물을 눈에 바른 장님이 눈을 몇 번 껌뻑껌뻑하다가 번쩍 뜨자 사람들은 박수를 치면서 환영했다. 무녀는 칼을 한 번 밖으로 휙 던지고는 굿을 마쳤다. 칼끝이 밖으로 향한 것을 확인한 무녀가 두 손을 모아 사방으로 절하더니 상에 놓인 돈을 훅 쓸어 가지고 인사도 없이 사라졌다. 드디어 도당굿이 끝났다. 밤새 절하고 구경하고 춤추고 먹고 마시고 웃느라 피곤했지만 사람들의 얼굴은 밝았다. 서로를 향해 애썼다고 인사를 나눈 뒤 하나둘 집으로 돌아갔다.

신이 떠난 자리, 새로운 시작

갑자기 해가 뜨고 세상이 훤해졌다. 나는 모두 돌아간 자리에 서 있었다. 뒷전은 외설적인 내용이 많아 관객들은 줄곧 웃고 가끔 싱겁게 끼어들기도 하며 놀이처럼 진행되었다. 그러나 분위기는 결코 가볍지 않았다. 이 마지막을 잘 해내야 한다는 암묵의 목표를 공유하고 있는 듯 굿하는 사람이나 굿 보는 사람이나 어딘지 경건한 분위

답십리 도당굿. 굿이 다 끝난 뒤 소나무에 텅 빈 오쟁이가 걸려 있다.
ⓒ김수남사진

기가 있었던 것이다. 나는 그 여운에 잠겨 한동안 자리를
뜰 수가 없었다. 당 밖에는 그동안 굿에 사용한 모든 것
을 모아 태우는 연기가 하얗게 피어오르고 그 옆 소나무
에는 텅 빈 오쟁이가 걸려 있다.

문득 마을이 달라진 것 같은 기분이 들었다. 나는 전
날 저녁 거리부정을 치던 바로 그 장소에 서 있는데 왠지
낯설었다. 어느새 천막을 걷은 당은 시멘트 제단이 그대
로 노출되어 평범하다 못해 초라했다. 그렇지만 머리 위
로 떠오른 밝은 태양이 마을을 축복하는 것처럼 느껴졌
다. 마치 마을이 새로 태어난 느낌이랄까. 후우 긴 한숨
이 나왔다. 나는 시작과 끝이 수미상관의 정석처럼 온전

히 맞아떨어졌을 때의 충족감을 가득 안고 천천히 마을을 나왔다. 한가한 골목길을 지나가던 택시가 문득 속도를 늦추며 나를 향해 가볍게 경적을 울린다. 알아서 세워 준 택시기사에게 감사를 전한 나는 피곤한 몸을 차 안에 구겨 넣었다. 다시 살아 내야 할 일상의 시작이었다.

2. 황해도 마당굿

큰 만신 김금화

황해도 서해안 대동굿과 배연신굿의 보유자였던 김금화는 좋은 무녀이자 뛰어난 예인이었다. 김금화의 굿은 제법 많이 본 편이다. 처음 본 것은 1980년 가을, 공간사랑에서 한 철물이굿 공연이다. 이틀에 걸친 공연은 그동안 보았던 서울굿과 상당히 달라 놀라웠고 여간 재미있는 것이 아니었다. 나는 굿이 끝나자마자 약속을 잡고 석관동 집으로 찾아갔고 그 후 40여 년에 걸친 긴 인연을 맺게 되었다. 김금화는 철물이굿 외에도 만수대탁굿, 배연신굿, 대동굿, 내림굿을 했다. 문서도 좋았지만 특히 연극적 재능이 뛰어나 황해도굿의 묘미를 잘 표현해 냈다. 우아한 몸짓으로 느직한 춤을 추면서 제석굿을 할 때

다릿발 용신굿의 별상인형(좌)
얼굴로 온갖 장애인을 표현해 내는 큰 만신 김금화(우)　　　ⓒ김수남사진

와, 탈을 얼굴에 반 넘어 쓰고 장난기 가득한 얼굴로 마
당굿이나 다릿발 용신굿을 할 때의 김금화는 완전 다른
모습을 보여 준다. 미학에 비장미와 골계미가 있다면 그
경계를 수시로 자유롭게 오가는 것으로 무당을 따라갈
사람이 없다. 그 가운데서도 김금화는 순간적으로 이 간
극을 오가는 데 일가견이 있었다. 주로 장애인의 비애를
보여 주는 마당굿은 물론이고 봉산네 오라버니 같은 장
님놀이는 남자 역인데 능청맞게 해 냈다. 익살맞은 표정
연기도 일품이었다.

삶과 죽음을 가르는 진오기굿

김금화는 2019년 초에 89세로 세상을 떠났다. 49일이 되던 4월 12일, 김금화의 뒤를 잇고 있는 조카딸 김혜경 무녀가 강화도 금화당에서 진오기굿을 했다. 본인의 이름을 딴 금화당은 굿도 하고 제자들도 가르치려고 2005년에 마련한 장소였다. 뒷산에 진달래꽃 피고 새가 우는 이곳에서 김금화는 찬란한 미래를 꿈꾸었을 터인데 이제는 죽어 제자들이 자신을 위한 굿을 하고 있는 것이다. 눈에 보이지는 않지만 아마도 어딘가에서 굿을 바라보고 있을 그녀의 시선이 느껴지는 듯했다. 가족과 지인들은 아직 고인에 대한 기억이 생생하여 차마 보내기 어려운 슬픈 굿이었다. 유족은 물론이고 기록을 하려고 온 학자들이며 촬영하는 사람들도 눈물을 감추지 못했다. 고모를 엄마로 의지하면서 평생 따르던 막내조카딸은 눈이 부어 뜨지 못할 만큼 진종일 울었다.

굿은 순서대로 진행되었다. 초부정굿, 시왕제석, 사자얼름, 대내림을 한다. 어느 굿을 하던 석(席)마다 무녀는 김금화의 영혼을 위로하고 죽은 이의 입장에서 넋두리도 한다. 망인은 물가에 내놓은 어린아이 같은 자손들을 두고 가려니 걱정에 차마 발걸음이 떨어지지 않는다. 자손들은 우리 괜찮다고, 걱정 마시라고, 편히 가시라고 하지

김금화 진오기굿. 삶과 죽음을 나누는 길가름.　　　　ⓒ황루시

만 그 말들은 울음에 묻혀 제대로 들리지 않는다. 좀체 그치지 않던 막내조카딸의 울음은 마지막 길가름을 할 때쯤 가라앉기 시작했다. 이승과 저승을 가르는 길가름이다. 황해도 진오기굿에서는 수왕천을 세 가닥으로 가른 후 무녀가 한가운데로 들어가서 양손에 한 줄씩 잡고 마치 머리를 땋는 것처럼 머리 위로 서로 엇갈려 엮는다. 무녀는 꽁꽁 땋아진 수왕천을 목에 감고 빙빙 도는데 마치 죽음과 삶의 경계에 서 있는 듯한 느낌이다. 땋아진 곳에 대신칼을 꽂아 풀어질 때 칼이 떨어지는 방향을 보고 칼끝이 밖으로 나가야 칼산지옥을 면한다고 한다. 하지만 그보다는 대신칼로 망자와의 인연을 완전히 끊는다는 의미가 아닐까.

이제 망자는 죽음의 세계로 보내고 산 사람은 여기 남아 또 제 길을 가야 한다. 길가름을 통해 그 엄중함을 받아들이면서 마음을 추스르는 것이다. 유족들 앞에 무녀가 앉아서 한 사람, 한 사람 상문을 풀어 준다. 넋상에 놓아 두었던 베조각을 상주 목에 감고 부엌칼로 잘라 준다. 양손과 발목도 그렇게 베를 감았다가 잘라 풀어 주는데 이를 상문살 푼다고 한다. 상문은 죽음에 따르는 나쁜 기운으로 위험한 존재이기에 반드시 풀어 주어야 한다. 하지만 이 과정을 통해 유족들은 죽음의 속박에서 벗어나는 것이다.

뜬신들이 배불리 먹어야 굿이 끝난다

상문 풀기로 진오기굿이 끝났다. 아니, 끝난 줄 알았다. 굿상을 치우고 손님들은 돌아갈 준비를 하면서 인사를 나누는데 소복 차림의 무녀 하나가 신칼과 방울을 들고 장구 앞에 섰다. 종일 눈물을 훔치면서 심부름을 하던 김금화의 신딸이 마당굿을 시작한다. 역시 마당굿을 하지 않고 굿이 끝나는 법은 없는 것이다. 장소는 굿마당으로 들어오는 입구. 장구 옆에는 북어 한 마리와 붉은 팥시루떡, 상문을 푼 오색천을 올린 조촐한 상을 놓았다. 그동안 망자의 넋이 앉아 있던 화려한 지화들도 어느새

김금화 진오기굿. 아기 낳다 죽은 하탈귀를 노는 김금
화 만신의 신딸.   ©황루시

자루까지 뽑힌 채 마당 구석에 쌓여 있다. 굿이 끝나면
모두 불태워져 망자와 함께 저세상으로 갈 것이다.

　무녀는 장구재비와 함께 잠깐 만세받이를 하더니 담담
한 표정으로 굿에 따라온 뜬신들을 풀어먹인다. 아이고
배야 아이고 배야, 배를 만지면서 애 낳다 죽은 하탈귀를
풀어먹이고 목에 손을 대고 잠시 비척거리면서 목매 죽
은 자결귀도 풀어먹인다. 이렇게 무녀는 여러 잡귀들의
죽음 현장을 흉내 내는데 감정이 거의 들어 있지 않은 기
계적인 동작이다. 신칼을 두 손에 나누어 쥐고 잠깐 춤을

추고는 베조각을 갈라 준다. 비참하게 죽은 뜬신들을 배불리 먹이고 목 축여 주고 눈물수건 땀수건을 갈라 준 것이다. 마지막으로 신칼을 밖으로 휙 던진다. 무녀는 밖을 향한 칼끝을 잠시 보더니 불을 놓았다. 굿하는 동안 망인을 대신했던 〈故김금화, 국가무형문화재 제82-2호 서해안 배연신굿 및 대동굿〉이라고 쓴 위패에 불을 놓아 사르는 것이다. 하얀 종이는 가장자리부터 타기 시작하더니 결국 한 줌의 재로 변했다. 이제 정말로 굿이 끝난 것이다. 이렇게 김금화 만신의 진오기굿은 종일 우느라 목이 쉰 신딸이 아무 감정 없이 하탈귀, 자결귀를 흉내 내면서 잡귀를 풀어먹이는 마당굿으로 끝났다.

큰 만신 먼 길 가시는 길에 어찌 뜬신인들 오지 않았으랴. 당연히 이들을 잘 풀어먹여 큰 만신의 넉넉함으로 감

김금화 진오기굿. 불에 타고 있는 김금화 만신의 위패.　　　　ⓒ 황루시

싸안을 일이었다. 그러나 재수굿도 아니고 진오기굿에 굳이 잡귀 하나하나 죽음의 현장을 흉내 내지 않아도 충분했을 것이다. 말로만 풀어먹여도 되는 일이다. 하지만 김금화의 신딸은 그렇게 하지 않았다. 신어머니가 했듯이 일일이 잡귀들의 캐릭터를 묘사하여 풀어내지는 못했지만 마당굿에 온 존재들을 대하는 태도는 진중했다. 마음도 슬프고 몸도 피곤하여 지칠 대로 지쳤지만 최소한의 예의를 갖춰 뜬신들을 대접하는 굿이었다. 굿하는 실력이야 우리 시대 최고의 큰 만신을 어찌 따라가랴. 하지만 보잘것없는 작은 존재들도 업신여기지 않는 마음은 신어머니를 닮은 듯 보였다. 진종일 신산했던 마음이 조금 가라앉으면서 위로를 받는 느낌이었다.

3. 동해안 거리굿

양중의 바라지-거리굿

동해안굿을 하는 무당들은 집안으로 내려오는 세습무인데 정식 사제는 전적으로 무녀이다. 양중 또는 화랭이나 사니라고 부르는 남자들은 무악을 연주하거나 지화, 등, 용선을 만들어 굿당을 장식했다. 평소 마을 유지들과

교류하면서 몇 년에 한 번씩 하는 별신굿을 유치하는 일종의 매니저 역할도 양중의 몫이었다. 굿을 책임지는 무당인 '금줄'이 되면 수입이 훨씬 크기에 이는 매우 중요한 일이었다. 이런 일을 통틀어서 바라지라고 할 수 있다. 원래 바라지는 무녀가 굿을 할 때 양중들이 장구와 꽹과리를 치면서 높은 구음으로 흥을 돋우는 것을 말한다. 하지만 뒷바라지, 자식바라지와 비슷하게 전체적으로 무녀의 굿을 도와준다는 의미가 있다. 무녀는 굿만 하면 되지만 양중의 바라지는 한두 가지가 아니다. 사람이 죽어 영혼을 천도하는 오기굿은 염불이 많은데 전적으로 양중의 몫이다. 염불은 정통 무속의례가 아니라 불교에서 가져온 것이라 남자가 맡을 수 있었을 것이다.

어쩌면 딱히 바라지라고 부르기보다 양중의 고유영역이라고 할 수 있는 분야도 있다. 바로 연극이다. 별신굿에는 양중이 하는 연극이 있는데 탈굿, 도리강관원놀이, 중잡이놀이처럼 여럿이 하는 연극과 일인다역으로 진행하는 거리굿이 그것이다. 놀이성이 강한 연극은 굿의 부속의례로 하는 경우가 많다. 도리강관원놀이는 천왕굿, 중잡이놀이는 세존굿에 따르는 굿놀이이다. 다만 탈굿은 종이로 만든 지탈을 쓰고 하는 연극인데 규모가 큰 별신굿에서 일종의 여흥으로 놀았다.

양중이 하는 연행 가운데 가장 비중이 크고 독립적인 것이 바로 거리굿이다. 흔히 거리멕인다고 하는데 정처 없이 거리를 떠도는 잡귀들을 풀어먹인다는 의미이다. 뒷전이 다 그렇듯이 거리굿도 굿의 맨 마지막에 한다. 동해안 별신굿은 대부분 바닷가에 천막을 치고 굿상을 진설한다. 굿상 위에는 각종 지화가 화려하게 둘러 있고 용떡을 비롯하여 푸짐한 제물을 올린다. 그리고 굿당 밖에는 허개등을 달아 신이 찾아오도록 유도한다. 당 안에는 탑등, 수박등, 초롱, 용선 등을 매달아 신이 거하는 신성한 장소임을 보여 준다. 가장 아름답고 풍요로운 장소에 신을 모시는 것이다. 그렇지만 거리굿은 이런 제물이나 각종 장식물을 다 내리고 천막을 걷어 깨끗하게 치운 다음 텅 빈 해변에서 한다. 하늘 아래 아무 가릴 것 없는 맨 모랫바닥에서 양중은 장구재비와 단둘이 거리를 멕인다. 앞에는 남은 밥이며 나물, 떡, 고기 등을 부어 놓은 커다란 짬밥통 하나가 있을 뿐이다. 거리 하나가 끝날 때마다 이 짬밥을 바가지로 푹 떠서 버리는 것으로 해당 잡귀를 대접한다.

사실 굿판은 여자, 특히 할머니들의 공간이라고 할 수 있다. 단연 할머니들이 굿을 좋아하고 잘 이해하며 깊이 공감한다. 그래서 동해안에서는 별신굿을 하는 시기에

수용포 수망굿. 굿판의 주인은 단연 할머니들이다.　　　ⓒ김수남사진

맞춰 일종의 굿 투어를 하는 할머니들이 있다. 굿하는 날
짜에 맞춰 동해안을 따라 무당패와 함께 이동하는 것이
다. 먼저 구룡포에서 5박 6일 굿을 본 뒤에 강구 친척집
에 간다. 한 이틀 기다리면 4박 5일 굿이 시작된다. 그
굿을 다 본 후에 친정인 후포까지 올라와 며칠 동안 쉬다
가 마지막으로 3박 4일 굿구경을 하고는 집으로 돌아가
는 식이다. 음력 구시월에 굿이 몰려 있기에 적절하게 스
케줄을 짜면 서너 마을의 별신굿 구경이 어려운 일은 아
니다.

　친척이나 지인 집에서 잠자리만 해결된다면 굿하는 동
안은 마을이 할머니들의 식사를 책임진다. 끼니마다 뜨
끈한 국수와 비빔밥은 물론이고 하루 종일 시간 맞춰 사

탕이며 과자를 나눠 준다. 게다가 심심찮게 막걸리와 안주를 돌리기 때문에 굿판에서 할머니들이 배를 곯는 일은 절대로 없다. 마을에서는 부녀회가 중심이 되어 음식을 장만하고 할머니들을 비롯하여 굿구경을 온 손님들을 지극정성으로 대접한다. 손님을 홀대하지 않는 것은 우리의 오랜 전통이기도 하지만 마을의 자존심이기도 하기에 굿하는 내내 할머니들의 행복은 일백 퍼센트 보장되는 셈이다.

그런데 일반적으로 양중들이 하는 굿놀이에는 할머니들의 참여가 조금 저조한 편이다. 오히려 남자들이 적극적으로 놀이에 개입하는 것을 볼 수 있다. 아마도 무녀들이 하는 굿은 여자 중심으로 흘러가니까 양중들이 하는 굿놀이는 같은 남자들이 상대해 주어야 대접이라는 생각도 있는 것 같다. 하지만 거리굿은 성별을 가리지 않는다. 남녀노소 없이 모두 굿이 끝나가는 것을 아쉬워하면서 이번에는 어떤 재미난 놀이가 벌어질까 흥미진진하게 기다리는 것이다.

신동해의 병정거리

내가 처음 본 거리굿은 강릉 단오굿의 전수교육조교였던 신동해가 놀았다. 신동해는 세습무가 출신이지만 군에서 제대한 뒤에 뒤늦게 굿판에 합류했다. 그래서 당대를 휩쓸었던 김석출이나 송동숙에 비해 기량이 떨어졌다. 악기도 어릴 때 배워야 쉬운 법이고 경험만한 선생이 없는 법이라 천하의 고수인 두 사람의 경계를 뛰어넘기는 어려웠다. 대신 사람 좋은 그는 강릉 단오굿 인간문화재 신석남의 남동생이라는 자리를 지키면서 묵묵히 굿판을 이끌었다. 신동해가 가장 장기로 여긴 분야는 바로 거리굿이었다. 거리굿은 일종의 연극인지라 절대 시간이 필요한 악기보다는 배우기 쉬운 점이 있었다. 게다가 원래 연극에 소질도 있는 듯 보였다. 파선하는 배에서 결국 죽음을 맞이하는 어부는 비장하게 그려 냈고, 아무나 붙잡고 아이고 배야 아이고 배야 소리소리 지르며 요란하게 아이를 낳는 여인의 흉내도 천연덕스럽게 해냈다. 하지만 그의 기량이 가장 빛난 것은 병정거리였다.

본인이 직업군인 출신으로 잘 아는 내용이기도 한지라 놀이를 꾸미는 것이 자연스러웠다. 먼저 동네 아이들 십여 명을 동전으로 유혹해서 불러 모았다. 아이들 머리 위에 모자나 플라스틱 바가지를 하나씩 씌우고는 제식훈련을 시키면서 즐거움을 주었다. '차렷, 열중 쉬어, 우향우, 좌향좌, 우향 앞으로 가!' 하면서 독촉하면 아이들은 정신을 놓고 서로 부딪히는 등 어처구니없는 행동을 하게 마련이다. 한참을 이렇게 자타공인 '똥개훈련'을 시킨 다음에 나무 막대기 하나씩을 주면서 '우로 어깨총! 앞으로 총! 좌로 어깨총! 엎드려 쏴!' 등등 본격적인 사격훈련에 들어갔다. 아이들의 실수는 더 많아지고 덩달아 굿판의 웃음도 커진다. 특히 남자들은 저마다 군대 경험을 되살려 보면서 한두 마디씩 거들고 즐겁게 웃었다. 아이들을 자리로 돌려보낸 다음에는 '전라도는 우로 어깨총 하라깽! 제자리 서랑깽!', '경상도는 차려 하이소! 뒤돌아 가이소!' 하면서 각도 사투리로 훈련시키는 조교의 흉내를 내어 웃음을 이어 갔다. 하지만 병정거리의 마지막은 슬펐다. 그는 전장에서 총을 맞아 눈알이 빠지고 다리를 잃고 결국 목숨까지 잃어버린 병장들의 모습을 자세히 묘사했다. 그러고는 사족처럼 이런 가엾은 영혼들을 달래줘야 한다는 말로 실감 났던 병정거리를 끝냈다.

깊은 한을 웃음으로 풀어내는 김장길의 거리굿

가장 기억에 남는 것은 김장길의 거리굿이다. 김장길은 강릉 단오굿의 인간문화재 신석남의 친정조카이자 경상북도 최고 양중이었던 송동숙의 사위이다. 송동숙의 딸 송명희도 강원도와 경북 일대 최고의 무녀였다. 송동숙에게 배운 김장길의 거리굿은 문서 속이 여간 단단하지 않았다. 처음 굿판에서 보았을 때 김장길은 30대 초반으로 깔끔한 인상이었다. 김장길은 팔다리를 다 못 쓰는 장애인 어머니 밑에서 몸 고생 마음고생 하며 성장했다. 고단했던 어린 시절의 영향인지 자신을 잘 드러내지 않는 김장길은 말 없고 좀체 웃지 않는 사람이었다. 꽹과리를 잡으면 묵묵히 꽹과리만 쳤다. 송명희가 굿을 할 때는 신명을 내어 성실하게 바라지를 했지만, 굿이 끝나면 다시 입을 닫았다. 굿 잘하는 마누라에 본인 역시 신의 솜씨로 악기를 다루는 사람이라 판세(굿판)에서의 위치도 안정적이었다. 몇 년을 두고 보면서 나이에 비해 점잖은 사람이라고 생각했다.

전혀 다른 김장길의 면모를 본 것은 거리굿의 현장에서였다. 오늘 그의 역할은 십여 명이 둘러앉아 함께 두드리는 꽹과리도 아니고 무녀의 진행을 돕는 장구바라지도 아니다. 오히려 자기를 도와주는 장구재비를 두고 스스로 주인공이 되는 무대이다. 온전히 자신만의 역량으로 거리를 메기는 김장길은 완전히 다른 모습이었다. 한마디로 훨훨 날았다. 말도 천상유수일 뿐 아니라 어찌나 능청스럽던지 입을 헤 벌리고 구경하는 관중은 물론이고 어떤 험악한 잡귀의 비위도 맞춰 줄 것 같은 노련함으로 굿을 이끌었다.

거리굿의 앞부분은 잡귀를 풀어먹이기 전에 굿을 맡은 양중, 즉 주인공이 그 일을 맡을 자격이 있는지 신의 세계에서 일종의 심사를 받는 과정을 보여 주는 내용이다. 주인공은 남자로 태어나 과거는 한번 봐야 할 듯 싶어서 보러 가려는데 한양 갈 여비가 없다. 여비를 마련하는 방법이 기막히다. 주인공은 보통 남자들과 달리 마누라가 다섯이다. 왜 그런가 하면 '하나는 깔고 자고 하나는 덮고 자고 하나는 비고 자고 하나는 안고 자고 남은 하나는 친구가 오면 빌려주려고' 다섯인데 이들이 머리카락도 팔고 심지어 몸을 팔아 여비를 마련해 주었다는 것이다. 직설적이고 수위도 높은 여성비하가 난무하고 있어 굿판이 아니라면 당장 누군가 고소할 판이다. 그렇지만 이 놀이는 축첩이 당연시되었던 전통사회의 어두운 현실을 드러내고 있다. 김장길은 과장을 통한 웃음으로 갈등이 폭발되기 직전에 아슬아슬 놀이를 마무리했다.

과거를 본 주인공은 엉터리 시험으로 급제를 했지만 '선달은 다리가 아파서 못하고 참봉은 깝깝아 못하고 요강좌수는 쩐내가 나서 못하고 초시는 시그러워서 못한다'고 하다가 결국 쫓겨나고 만다. 차마 빈손으로 집에 갈 수 없어서 망설이다가 빙산을 하나 사서 먹고 자살했다. 저승에 간 주인공이 죽은 연유를 고하니 이번에는 저

포항 계원 별신굿(2010.07.15). 거리굿에서 약 먹고 죽은 귀신을 풀어먹이는
양중 김장길.　　　　　　　　　　　　　　　　　　　　　　　　ⓒ윤동환

승과거를 치라고 한다. 저승과거에도 합격하여 결국 주
인공은 신칼(神刀)을 들고 잡귀를 풀어먹이는 호구강감
(간관)이 되었다는 것이다. 이 내용은 전체적으로 양반 내
지 식자계층에 대한 반감이 가득하다. 그렇지만 흥미로
운 말장난과 성적골계가 웃음으로 버무려져 있어 관객은
자연스럽게 한통속으로 양반을 욕보이는 놀이에 동참하
는 것이다.

　이제 주인공은 잡귀를 풀어먹이는 호구강감이 되어 마
을에 왔다. 저승의 명은 받았지만 자격 있는 호구강감이
되려면 먼저 어른이 되어야 한다면서 김장길은 어촌계장
을 불러냈다. 이른바 관례거리의 시작이다. 전통사회에

서 남자들의 성인식인 관례는 유교식으로 관복 입고 목화 신고 어른들에게 술을 대접하는 방식이었다. 그렇지만 굿에서는 그런 형식이 아무 쓸데기가 없는 법이다. 진짜 어른이 되려면 근본적으로 변해야 하는 것이 무엇이겠는가. 김장길은 새끼줄로 무릎까지 내려오는 커다란 남근을 만들어 어촌계장 허리에 걸어 주며 '여기부터 어른이 되는 게 맞지요?' 단 한마디로 순식간에 관객들을 제 편으로 만들었다. 마을에서 행세깨나 하는 어촌계장이 우스개로 전락하니 사람들은 좋아라하면서 이제부터는 김장길이 무슨 말을 하든, 무슨 짓을 하든 환호하는 것이었다. 이런 전도가 바로 굿의 재미이다. 힘이 있거나 사회적 신분이 높은 사람들을 잠시나마 끌어내리고 함께 웃음으로써 알게 모르게 억눌렸던 스트레스를 풀어내는 것이다.

김장길의 내공이 가장 잘 드러난 것은 해산거리였다. 여자도 흉내 내기 우세스러운 해산 장면을 어찌나 구체적으로 묘사하면서 아기를 낳는지 정작 치마 밑에서 빠져나온 것이 빨간 플라스틱 바가지라는 것이 믿어지지 않을 지경이었다. '아이고 아이고 내려오나 좀 내려오나 아이고' 김장길은 아프다고 신음하고 그래도 아이가 좀체 나오지 않으니까 할머니 아주머니들을 불러모아 함께

포항 계원 별신굿. 아기 낳는 흉내를 내는 양중 김장길.   ⓒ윤동환

힘을 주고 응원하는 바람에 대낮의 바닷가를 산실로 만들었다. '나온다 나온다 나온다!' 마침내 모든 어머니들의 기운을 받아 아기가 세상으로 나왔다. 마을 주민 모두의 아기가 탄생한 굿판은 문자 그대로 축제마당이 되었다.

거리굿에 등장하는 대부분의 인물은 웃음으로 표현된다. 그렇지만 웃음의 마지막은 늘 그들의 안타까운 죽음이었다. 김장길은 웃음과 울음을 자유롭게 넘나들면서 죽어 가는 어부와 머구리, 힘들게 낳자마자 아기를 잃은 해산모, 전장에서 스러진 병정들을 눈에 보이듯 그려 냈다. 송명희가 하는 성주굿의 장구바라지를 할 때와는 전혀 다른 천연덕스러운 모습으로 거리를 멕였다. 한마디로 그는 머리와 가슴으로 속속들이 캐릭터를 이해하고 이를 생생하게 표현해 낼 줄 아는 훌륭한 배우였다. 배우로서 자질이 없었다면 관중들은 인간의 삶과 죽음에 대해 그처럼 깊이 공감하지 못했을 것이다.

하지만 이런 연기를 가능케 한 원천은 지난했던 그의 삶이 아니었을까. 김장길은 어릴 때부터 장애인 어머니를 모시고 사회의 편견과 가난에 시달리면서 설움을 안고 살아온 사람이다. 김장길의 어머니는 소위 '배냇병신'이다. 아들 없는 집에서 자손을 보려고 들였지만 결국 그녀는 아들과 함께 버림받았다. 천민 당골네 출신 장애인으로 혼자 아들을 키웠던 여인이 어떤 삶을 살아 내야 했을지 그 고통의 크기는 가늠하기도 어렵다. 그런 어머니 밑에서 김장길은 당당한 양중이 되는 날을 기다리며 묵묵히 굿을 익혔다. 김장길의 꿈은 송동숙의 장녀 명희를 처로 얻으면서 실현되었다. 손꼽히는 양중일 뿐 아니라 경상북도 굿의 인간문화재가 되어 사회적으로 인정받는 위치에 이르렀다.

그러나 성공했다고 한이 없어지는 것은 아니다. 김장길은 여전히 한 많은 사람이다. 가장 원숙하게 일을 할 나이에 아내를 병으로 잃어 그동안 달려온 외길의 의미가 허무해졌으니 그의 인생은 참 남다르다 싶다. 다만 그는 한에 매몰되지 않았다. 이제 굿판에 송명희 같은 지모는 없지만 여전히 장구를 치면서 제 할 일을 하고 남은 시간은 낚시로 낚는다. 평생 굿판에서 그의 한을 함께 풀어냈던 덕분일지 모르겠다. 비참한 죽음을 웃음으로 위로하는 거리를 멕이면서 그의 깊은 한은 민중의 한으로 녹아들었다. 굿을 하면서 그는 자신의 아픔과 서러움을 함께 풀어냈고 웃음으로 극복하는 민중의 지혜를 배웠다. 그의 거리굿이 특별한 이유이다.

4. 장말 도당굿의 뒷전

근본 있는 농촌, 장말의 도당굿

부천시 중동에 있는 장말은 해 걸러 시월 상달에 도당굿을 했다. 이곳은 서울식 굿이 아니라 집안으로 내려온 세습무들이 굿을 한다. 우리나라 굿은 무녀가 중심이 되는데 유독 인천, 수원, 오산, 부천 등지의 경기도 도당굿 전승지역에서는 사니 또는 화랭이라고 부르는 남자들의 역할이 상당히 크다. 장말은 1960년대부터 약 20여 년 동안 굿을 안 하다가 1980년대에 들어 다시 전승하고 있다. 경기도 도당굿은 1990년 국가무형문화재 제98호로 지정받았으나 세습무와 전승마을의 소멸로 현재는 많이 약화된 상태이다. 장말은 원래 근본 있는 농사꾼들의 마을이었다. 그렇지만 대단지 아파트로 개발되면서 마을 자체가 사라져 지금은 과거의 흔적을 찾아볼 수 없게 되었다.

장말은 덕수 장씨들이 대대로 살아온 마을인데 조상을 따라가 보면 고려 때 들어온 회회인(回回人)이라고 한다. 마을 입구에는 돌팡구지라고 부르는 큰 바위가 있어 주민들이 도당할아버지로 모시고 있다. 도당할머니당은 널찍한 마당이 있는 당집으로 도당할아버지를 모셔와 여기서 굿을 했다. 2박 3일 동안 밤새워 굿을 하는데 뒷전은 맨 마지막 거리이다. 동해안 별신굿처럼 장말의 뒷전도 남자 화랭이가 한다.

근본 있는 화랭이, 이용우의 뒷전

뒷전은 이용우가 놀았다. 이용우는 경기도 오산의 세습무가 출신으로 1980년 11월 장말 도당굿을 할 때 이미 82세의 노인이었다. 이용우의 부친 이종하와 숙부 이종만은 아키바 다카시와 아카마즈 지준이 쓴 「조선무속의 연구」에 오산지역 무가를 제공한 세습무로 지금도 중요한 자료로 남아 있다. 자그마하지만 다부진 몸집의 이용우는 사람됨이 매우 단단했다. 어릴 때부터 굿공부를 하는 한편, 계모 박금초에게 판소리를 익혔다. 이용우는

20여 살부터 참여한 도당굿판에서부터 가장 중요한 거리인 구능굿, 손님굿, 뒷전을 도맡아 해 온 명실상부 경기도 최고의 화랭이이다. 장말 도당굿은 만 이틀 동안 잠시도 쉬지 않고 밤낮없이 이어졌다. 이용우는 팔순이 넘은 고령에도 날밤을 새우면서 마지막 뒷전까지 책임지는 내공을 보여 주었다.

뒷전은 새벽 무렵 시작된다. 이미 이틀 밤을 새운 터라 굿꾼이나 구경꾼이나 모두 눈에 졸음이 주렁주렁 매달렸다. 세상에서 제일 무거운 것이 눈꺼풀이라더니, 절로 감기는 눈을 뜨기 어렵고 바닥에 등을 한번 대 봤으면 소원이 없겠다 간절해질 무렵 뒷전이 시작되었다. 뒷전을 하기 전에 마을에서는 사람 키보다 훨씬 더 큰 허수아비 '정애비'를 만들어 굿청 앞에 세워 두었다. 정애비는 짚으로 만든 인형에 불과하지만 경기도 도당굿 뒷전의 마지막에 가장 중요한 역할을 한다. 잠깐 눈 붙이러 집에 들어갔던 사람들도 마지막 굿인 뒷전을 보기 위해 하나둘 다시 당으로 나온다. 큰굿을 하기 직전의 긴장감인지 아니면 차가운 새벽 공기 때문인지 문득 등이 서늘해지는 느낌이 들었다.

경기도 도당굿의 뒷전은 연행 방식이나 내용이 다른 지역과 상당히 다르다. 본래 뒷전의 목적은 잡귀를 풀어먹이는 것인데 이 지역에서는 잡귀를 풀어먹이는 집사가 되는 과정이 훨씬 더 길다. 동해안 거리굿에도 앞부분에 호구강감이 되는 과정을 풍자적으로 길게 놀이하고 있다. 어떤 면에서는 서론이 본론보다 확장되어 있는 셈이다. 이 공통점은 이들이 무속사회에서 갖는 위치와 관련이 있다. 동해안의 양중이나 경기도 도당굿의 사니는 모두 세습무가의 남자들이다. 이들은 굿하는 무녀도 아니고 신기가 있는 박수도 아니다. 직접 신을 모시는 사제의 위치에 있지 않다. 이런 이유로 세습무가의 굿꾼들은 본격적인 뒷전을 시작하기에 앞서 그들이 잡귀를 제압할 수 있는 신통력을 얻기까지의 과정을 자세하게 보여 줄 필요가 있는 것이다.

뒷전은 당 밖에서 오쟁이를 어깨에 멘 뒷전꾼(이용우)이 부채로 얼굴을 가리고 안으로 들어오는 것으로 시작한다. 그러고는 아무 말 없이 안에 있던 께낌꾼과 나란히 맞춤을 추더니 난데없이 둘은 씨름을 한다. 이 씨름은 바로 '께낌'이라고 부르는 것인데 누가 굿판을 차지할 것인가를 놓고 실력을 겨루는 일종의 의식이다. 이용우의 상대역이었던 께낌꾼 조한춘은 장말 도당굿의 당주인 서간난 무녀의 사위이다. 소리나 문서는 이용우에 비해 약했지만 굿 전반에 능하고 해금에도 일가를 이룬 전형적인 화랭이였다. 께낌은 장단을 타면서 하는 예술적 씨름이다. 그러나 몸을 사리지 않는 께낌에서 뒷전꾼이 이긴다. 께낌을 이긴 뒷전꾼이 굿을 차지한 뒤에 두 사람은 재담을 주고받으면서 본격적인 뒷전으로 들어갔다.

근본 있는 장말의 귀명창 노인들

둘이 주고받는 재담과 뒷전꾼의 소리로 구성되는 뒷전의 내용은 자세하게 채록한 무가를 들여다봐도 앞뒤가 똑 떨어지지 않아 이해하기가 쉽지 않다. 그런데 정작 구경하는 사람들은 내용에 별 관심이 없다는 게 뒷전의 또 다른 재미이다. 뒷전꾼은 께낌꾼을 서방님이라고 부르면서 나를 모르냐고 닦달한다. 께낌꾼이 계속 모른다고 하니까 뒷전꾼은 밥을 못 먹어서 알아보지 못하는 모양이라면서 밥타령을 부른다. 그래도 모른다고 하니까 서방님의 어머니가 열다섯부터 남편을 얻었지만 해마다 죽어서 마침내 스물넷에 얻은 남편이 바로 서방님의 아버지라고 하는 서방 얻기 타령을 한다. 부부는 품을 팔면서 자식 얻기를 소원하다가 마침내 서방님이 태어났다면서 어릴 때 서방님이 공부하는 과정을 천자뒷풀이로 부른다. 그래도 모른다고 하자 뒷전꾼은 서방님이 답답하여 글공부 그만두고 농사를 지었다면서 농부가를 부르고,

여전히 모른다고 하니 걱정이라면서 걱정타령, 어른이 못 되어서 모르는 것이라고 하면서 어른타령을 부르는 등 인과관계가 명확하지 않은 내용을 엮어 가면서 다양한 타령을 부르는 것이다. 구경꾼들은 내용에 연연하지 않는다. 오직 뒷전꾼이 부르는 소리 자체에 집중하여 타령을 한마디 할 때마다 잘한다고 감탄하면서 상으로 꽹과리 속에 돈을 넣어 준다. 옛날에는 소리 한마디를 부를 때마다 쩽그랑 엽전을 던졌다고 한다.

마침내 뒷전꾼은 자신을 어딘이라고 밝힌다. 어딘이는 막둥이의 죽음을 전해 듣고 뒤늦게나마 초상을 치르면서 상여소리를 부른다. 어딘이는 남의 집 종으로 있다가 쫓겨난 인물이다. 쫓겨날 때 오쟁이 안에 넣어 두었다가 돈과 각종 귀중한 물건을 도둑맞았다면서 잃어버린 돈타령, 나무타령, 패물타령, 비단타령, 약타령 등을 부른다.

여기저기 얻어먹으러 떠다니던 어딘이는 우연히 길에서 도당할아버지 행차를 만나 장말 동네의 수비들을 잘 풀어먹이라는 명을 받는다. 명을 받은 어딘이는 호환에 간 수비, 자결수비, 병신수비, 해산수비 등을 풀어먹인다. 마지막에 장님수비가 들어와 마을의 앞날을 점쳐 주는데 온갖 액을 품고 있는 정애비를 처치해야만 동네가 깨끗해진다는 점괘가 나온다. 어딘이는 굿당 밖에 세워 두었던 정애비와 한참을 씨름한 끝에 이긴다. 어딘이는 정애비를 형틀에 눕히고 매를 때리며 치죄한다. 정애비의 죄가 낱낱이 다 밝혀지면 오쟁이와 함께 태워 버리고 화살을 쏜 후 활과 화살도 던져 버리는 것으로 도당굿은 모두 끝이 난다. 이미 아침도 겨워 10시가 넘어 있었다.

그 나름대로 스토리가 이어지는 것이지만 사람들이 흥미로워하는 대목은 이야기와 상관없이 뒷전꾼이 부르는 타령에 있었다. 뒷전꾼이 얼마나 소리를 잘하는가 여부가 주된 관심이었다. 이듬해 인천의 동막 도당굿을 봤는데 동막 노인들은 장말보다 굿법을 더 잘 알았다. 뒷전꾼을 에워싸고 앉아서 열중하여 듣다가 소리 한마디 끝날 때마다 '잘한다!', '얼씨고!' 하면서 꽹과리에 돈을 넣어 주는 모습이 자연스러웠다. 마치 부잣집 대청마루나 장터를 떠돌면서 공연했다는 그 옛날 판소리마당을 보는 듯한 느낌이었다.

한바탕 소리판이 끝난 뒤 뒷전꾼이 벌이는 정애비와의 씨름도 흥미진진한 부분이다. 사람 키보다 훨씬 커서 다루기 쉽지 않은 정애비를 끌어안고 뒷전꾼은 께낌을 시도한다. 물론 정답은 이미 정해진 것, 뒷전꾼이 이긴다. 정애비를 치죄하면서 매를 때릴 때는 춘향가의 십장가를 부른다. 사설은 조금 다르지만 장단이 비슷하다. 십장가

동막 도당굿. 정애비와 씨름하는 사니 이용우.　ⓒ김수남사진

역시 사람들이 매우 좋아하는 소리이다. 판소리의 맥이 살아 있어 소위 귀명창들이 남아 있는 전주 소리판에 앉아 있는 느낌이었다. 지금처럼 판소리가 무대공연이 되기 전 소리판의 생명이 정말 도당굿판에서 약하게나마 숨을 쉬고 있었다.

모든 죄는 정애비가 지고 떠난다

이제 정애비를 태우면 모든 굿이 끝난다. 사실 뒷전의 핵심은 잡귀를 먹이는 것이니 어딘이가 여러 수비들을 풀어먹이는 끝부분에 있다고 볼 수 있다. 마지막에 장님 수비가 점을 치는 것도 뒷전에서 흔히 보는 방식이다. 하지만 도당굿은 여기에 허수아비를 등장시켜 치죄하는 대목이 첨가된다. 또한 장님수비에게 역할을 주어서 마을을 깨끗하게 하려면 정애비의 죄를 물어야 한다는 점괘를 전달한다. 이 과정에서 도당굿의 뒷전은 정애비의 치죄와 희생으로 초점이 옮겨 간다.

정애비는 마을의 액뿐 아니라 동네 사람들의 모든 죄와 업보를 혼자 몸에 지고 불 속에서 사라진다. 정애비를 통해 사람들은 신에게 용서를 받고 마을이 정화되는 것이다. 고대 제의에서는 반드시 희생을 바쳤다. 초기에는 사람이 제물이 되었고 나중에는 사람 대신 동물을 바쳤다. 이른바 희생양이다. 정애비가 바로 그 희생양으로 볼수 있다. 정애비는 인간의 죄를 덮어쓰고 매를 맞은 뒤에불 속에 던져진다. 비록 짚인형이라고 해도 한 존재의 희생으로 마무리되는 뒷전은 어딘가 비장한 기운을 담고 있었다.

늦가을 아침 논둑에는 재가 된 정애비의 흔적이 바람에 날리고 있다. 그렇게 정애비는 마을의 모든 액을 지고떠났다. 마을은 깨끗해졌다. 그뿐이랴. 마을 사방에는 전날 돌돌이를 하면서 세워 둔 천하대장군, 지하여장군, 무서운 얼굴의 장승들이 굳건하게 서 있다. 장승은 외부에서 들어오는 모든 액을 막아 줄 것이다. 마지막은 늘 새

동막 도당굿. 정애비를 태우면 굿이 끝난다.
ⓒ김수남사진

로운 시작으로 이어진다. 이처럼 장말의 뒷전은 희생을
통해 주민들의 삶을 안전하게 보호해 주는 전통적 장치
로 존재하고 있었다.

3장

텍스트에서 읽는 뒷전의 인물들

뒷전은 대부분 연극의 양식을 취하고 있다. 연극에서 가장 중요한 것은 인물이다. 여기서는 뒷전에 등장하는 인물들이 어떤 성격을 지니고 있는지, 무당은 그 인물들을 어떻게 표현해 내고 관중의 공감을 얻고 있는지 살펴보겠다.

　민속종교인 무속에는 성경이나 불경 같은 경전이 따로 없다. 오로지 무당들이 구전과 체험으로 익힌 굿을 전승했을 따름이다. 일목요연하게 정리되지는 않았지만 결국은 무당들이 굿에서 부르는 무가가 경전의 기능을 하는 것이다. 무가는 지역마다 차이는 있지만, 전국적으로 공통적인 내용을 가지고 있어 무속이 체계를 갖춘 종교임을 보여 준다. 무가는 일제강점기부터 학자들이 채록했다. 물론 굿의 현장에 따른 즉흥성이 있지만 기본적으로 전승되는 무가의 내용은 크게 바뀌지 않는다. 그동안 채록된 경기지역 뒷전, 동해안지역 거리굿, 황해도 마당굿 그리고 전라도 삼설양굿의 텍스트를 중심으로 뒷전에 등장하는 인물을 분석한다.

1. 경기도, 서울 지역의 뒷전

『경기도지역 무속』이라는 무가집에는 장님타령과 해산타령 두 개의 뒷전 무가가 실려 있다.[3] 이 자료집은 최길성 교수가 자신의 고향인 양주에 거주하던 조영자 무녀의 무가를 채록한 것이다. 장님타령은 맹인이 죽어서 된 장님영산을 놀리는 굿이다. 내용은 서울굿의 뒷전과 유사한데 특별히 장님타령이 확장되어 있다. 장님타령에 대해서 최길성은 무녀가 혼자 일인다역으로 하는 연극적 의례라고 첨언했다. 맹인은 뒷전에 가장 자주 등장하는 인물로 설움을 지닌 장애인과 독경을 하는 사제의 이중적 모습을 지닌다. 텍스트의 만신은 대부분 장구재비를

---

3   장주근·최길성, '경기도지역 무속―양주군 무녀 조영자편', 『민속자료 조사보고서』, 176-183쪽, 문화재관리국, 1967.

일컫는 것으로 대화의 상대역을 맡는다. 그리고 아이는 아마도 내용을 잘 아는 무녀가 거들었을 가능성이 많다.

장님타령

아이: 장님! 장님! (부른다)

장님: 그 누구요?

아이: 나요.

장님: 나가 누구요?

아이: 나가 나지 뉘요?

장님: 그건 네 어멈더러 물어봐라.

만신: 장님! 장님!

장님: … (대답없음)

만신: 왜 대답을 안 하오?

장님: 그 놈의 새끼들이 욕을 몹시 하기 때문에….

장님놀이는 아이들이 앞이 보이지 않는 장님을 놀리는 것으로 시작한다. 아무런 존칭 없이 무례하게 '장님!'이라고 부르지만 장님으로서는 상대를 정확하게 알 도리가 없다. 그래서 장님은 아이들이 반말을 해도 꼼짝 못 하고 곤욕을 치르는 것이다. 상대는 나를 아는데 나는 상대방을 모를 때의 좌절감이 두어 마디 대화에서 느껴진다. 아이들이라고 짐작한 장님은 자기 나름대로 부모님까지 끌어대면서 대응했지만 이미 짓궂은 장난에 마음이 상했다. 장님은 무녀가 불러도 대답을 하지 않는다. 아마도 이런 놀림은 장님에게 일상일 터지만 결코 익숙해지지 않는 일이기도 하다. 놀림을 받을 때마다 마음을 다칠 수밖에 없는 장애인의 비애로 장님타령이 시작된다.

> 만신: 당신 어디서 왔소?
>
> 장님: 황해도 봉산서 왔소.
>
> 만신: 황해도 봉산서 뭐 하러 왔소? 대관절 당신이 있는 데가 황천강인데 장님이 아흔아홉이 빠져 죽었는데 당신이 빠져 죽으면 백을 채우게 되오. 어서 건느시오.
>
> 장님: 강을 건느려면 선유값이 있어야 건느지.
>
> (이때 주인이 돈을 주고 좌무가 장구를 몰아쳐 준다)
>
> 어여디여 어여디여 (건너간다) 어유! 힘이 든다.

장님은 신분을 묻는 만신에게 황해도 봉산에서 왔다고 한다. 만신이 뭐 하러 왔냐고 묻는 것으로 볼 때 장님은 외지인이다. 이동이 적었던 시대에 앞 못 보는 장님이 먼 길을 걸어왔을 때는 분명 중요한 목적이 있었을 것이다.

그런데 목적지를 가기도 전에 엄청난 장애가 나타난다. 황천강을 건너는 일이다. 황천은 곧 저승을 일컫는 말이니 아마도 저승으로 가는 강의 의미를 지닌 것 같다. 그런데 이 강으로 말하면 장님이 아흔아홉 빠져 죽은 마의 강이다. 거기에다가 한 명만 더 빠져 죽으면 백을 채운다고 하니 더욱 무서운 강이 아닐 수 없다. 하지만 장님은 자신의 목적을 이루기 위해서는 이 황천강을 건너지 않을 수 없다.

신화에서 강을 건너는 일은 곧 다른 세계로의 이행을 의미한다. 바리데기 신화에도 바리데기가 유수강을 건너 서천서역국으로 가는 이야기가 나온다. 성경에도 요단강을 건너면 하나님을 만날 수 있다고 하니 강은 동서를 막론하고 이 세상에서 다른 세상으로 가는 매개체인 것이다. 그런데 뒷전에서 강을 건너는 모티프는 주로 맹인과 관련하여 등장한다. 이는 전통사회에서 맹인이 독경무(讀經巫)라는 사제의 신분을 지녔다는 사실과 무관하지 않을 것이다. 무사히 황천강을 건너면 맹인은 그 경험을 바탕으로 다른 세계로의 이행, 이승과 저승을 오갈 수 있는 신성한 사제의 권위를 갖는 것이다.

이 상황은 판소리 심청가와 비교하면 쉽게 이해할 수 있다. 판소리의 주인공 심봉사는 물을 건너지 못했다. 심봉사가 빠진 물은 위험한 큰 강도 아니다. 동네 개천에 불과하지만 심봉사는 이를 건너지 못했다. 오히려 개천에 빠지는 바람에 신세를 한탄하다가 앞뒤 재지도 못한 채 덜컥 공양미 삼백 석을 시주하겠다는 약속을 하고 만다. 결국 물을 건너지 못한 심봉사는 사랑하는 딸을 잃고 인간으로서의 품위마저 잃은 채 뺑덕어멈과 살림을 차리는 등 세상의 갈등으로 치닫게 되는 것이다. 이는 판소리가 굿하고는 달리 인간사회의 다양한 삶을 그려 내는 예술이기에 당연한 일이라고 하겠다.

그렇지만 뒷전에 등장하는 장님은 무사히 강을 건넜다. 황천강을 건넌 장님은 이제 다른 세상의 권위를 갖게 된다. 바로 당당하게 선유값을 요구할 수 있는 족집게장님, 송곳장님이다.

장님: 내가 뽑아내기로 말하면 족집게장님, 두드려 맞추리고 하면
     송곳장님.
만신: 무슨 사로 왔소?
장님: 나는 우리 집 가풍이 어떻게 나쁘던지 우리 할아버지는 땅
     군이고 우리 아버지는 상두꾼이구 우리 구춘이 한양 성내에
     있어 과거할려고 과거차로 올라왔더니, 과거는 과해서 못하
     고 급제는 급해서 못하고 진사는 지내쳐 못하고 오다가 뺑

덕어멈, 바둑어멈, 노랑어멈 지내쳐 뺑덕어멈을 찾으려 왔소.

모름지기 극의 재미는 관객의 기대를 배반하는 데 있다. 무사히 강을 건넌 장님은 자신이 족집게장님, 송곳장님이라면서 스스로 직업을 밝힌다. 한마디로 점을 잘 친다는 자랑이다. 거기까지만 이야기를 했다면 장님은 독경무의 권위, 족집게 점바치의 실력을 인정받았을 것이다. 그렇지만 이야기는 곧 반전된다. 장님이 사제로서의 권위를 증명하려고 여기까지 온 것이 아니라 집 나간 마누라를 찾아 길을 떠났다는 사실이 밝혀지는 것이다. 현실에서 그의 신분은 초라하기 짝이 없다. 할아버지는 땅군이고 아버지는 상두꾼이다. 가까운 친척도 아닌 구촌이 한양에 있다는 이유만으로 한양에 올라왔지만 당연히 과거에 실패한다. 그러고는 여러 여자들을 만났으나 모두 헤어지고 결국 지금은 집을 나간 뺑덕어멈을 찾으러 온 참이라는 것이다.

만만치 않은 그의 삶이 금세 드러난다. 사회의 가장 하층 출신으로 태어나 앞 못 보는 장애인인 우리 주인공은 분수에 맞지 않게 과거도 시도해 봤으나 실패한다. 사실 남자라면 누구나 한번쯤 과거길을 떠나 보려는 로망이 있는지라 심각한 실패는 아니다. 오히려 양반만 과거를 보는 것이 아니라 누구든 시도할 만하다는 민중들의 야심이 엿보이는 대목이기도 하다. 그렇지만 장님은 그에게 가장 긴요한 처복이 없다. 장애인이 살아가려면 일상에서 누군가의 도움이 절실하게 필요하다. 아내가 도와주면 제일 좋을 것이다. 그러나 장님은 정상적인 부부관계를 이루지 못한 채 결국 집 나간 마누라를 찾아 굿판까지 오게 되었다. 더 이상 독경무가 존경받는 사제가 아닌 현실이 드러나고 종교적으로도 신체적으로도 약자에 불과한 맹인의 모습이 적나라하게 보이는 것이다.

장님: 그러나 당신 뭐하오.

만신: 굿하지 뭘 해.

장님: 왜 굿을 하오? 안택을 하지. 무당은 멀쩡한 도둑놈이란 말이오. 무당은 돈 이만 원 드리면 떡 해 놓고 장구 치고 굿해 주지만 우리 봉사는 십만 원만 주면 썩은 콩나물 한 접시 사 놓고 쉰 두부 한 접시 사 놓고 곽각선생을 불러 놓고 피양감사 십 년에 기생첩 하나 하지 못하고 죽은 귀신 너도 먹고 물러나고 과부 죽은 귀신은 홀애비 방으로 몰아넣고 홀애비 죽은 귀신은 과부방으로 몰아놓고 처녀 죽은 귀신은 총각 죽은 방으로 몰아넣고 총각 죽은 귀신은 처녀 죽은 방

으로 몰아놓고 무당 죽은 귀신을랑 장구통 안으로 몰아넣
고 장님 죽은 귀신일랑 신선귀!

만신: 저런 도둑놈 좀 보오. 네가 도둑놈이지 내가 도둑놈이냐?

장님은 곧 속내를 드러낸다. 무당에게 왜 굿을 하냐면
서 굿보다는 독경이 돈이 덜 든다는 것이다. 이미 앞뒤가
맞지 않는 말이다. 무당은 2만 원 받고 시루까지 쪄서 상
을 차리지만, 독경은 10만 원을 받고도 썩은 콩나물 한
접시 올릴 뿐이다. 현장이 무당이 주관하는 굿판이니 독
경무의 편을 들 수는 없을 것이다. 하지만 장님 역시 자
신의 직업에 별다른 긍지를 보이지 않는다. 그저 곽각선
생을 모셔 놓고 잡귀 물리는 경을 읽는다는 것이다. 곽각
은 흔히 곽곽선생이라고 부르는 맹인인데 역술에 능했다
는 중국 동진의 곽박(郭璞)의 와음으로 보인다. 그런데 정
작 장님이 한다는 경의 내용이 흥미롭다. 주워섬기는 문
서가 모두 성적 욕구를 풀어 주는 내용인 것이다. 사실
굿이 별것인가. 그저 남녀가 대립할 것이 아니라 조화를
이루면서 잘 살게 해 줄 일이다. 아무 말이나 갖다 붙여
도 결론은 과부와 홀아비, 처녀와 총각이 만나 인간답게
살 수 있도록 해 주는 게 굿이다. 마지막에는 '무당 죽은
귀신을랑 장구통 안으로 몰아넣고 장님 죽은 귀신은 신

선귀!'라면서 홀로 독경무의 승리를 외친다. 이는 물론 독경무와 경쟁관계에 있는 무당을 욕보이려는 의도에서 한 말이겠지만 실상 남녀의 조화를 희망하는 굿의 본질은 서로 같다고 하겠다.

장남: 그러나저러나 시장기가 나니까 술도 딸아놓고 주안상도 봐 놨소?

만신: 봐 놨소.

장님: (책상다리를 하고 앉아서 부채로 먼지를 턴다. 아이들은 장님 지팡이를 빼앗으려 한다) 편도 있소? 한양성내 명월 딸네 사다 주어야 할 텐데. (이를 잡아 먹는다) 시장할 때 이를 털어 먹으면 고수하다. 조청이 있소? (무녀가 술을 주면 장님이 술에 떡을 찍어 먹으며) 여기 조청은 왜 이렇게 시금털털하오. 우리 게는 조청이 달고 짭짤한데 여기는 시금털털해.

만신: 장님이 머나먼 길에 오느냐고 입맛이 없어 그렇소. 다시 찍어 먹어 보게. (술을 대 준다)

장님: 그러면 그렇지. 이렇게 좋다. 여기는 채소는 없소? (채소를 준다) 우리 게는 고비 고사리 나물을 먹는데 여기는 시레기 나물을 먹고 살우?

만신: 아니요, 다시 먹어 보오.

장님: 그러면 그렇지 고비, 고사리오.

만신: 무끄리를 좀 해 주시오.

장님: 복채를 내요. (십 원 정도를 준다) 십 원짜리 점이 어디 있소? 깍두기점도 점이요 호박점도 점이오 바두기점도 점이요.

만신: 저놈의 장님이 개점을 치는가?

장님: 깍두기점도 점이요 호박점도 점이오 점사가 복채가 더러서 게걸점이 나왔소.

만신: 다시 점을 쳐요.

장님: 오방신장 점괘가 나왔는데 당신네 점괘가 나왔어. 어저께 굿 드는 날은 복덕일이고 오늘 나는 날은 생기일이고 복덕 일에 굿 들어 오늘 생기일날 나니 자손장성 금시발복 쾌라.

먼 길을 온 장님은 지금 매우 시장하다. 사실 이를 잡아먹을 만큼 배가 고프다. 하지만 장님은 배고픔을 참으면서 자기 나름대로 책상다리를 하고 권위 있게 앉아서 먹을 것을 청한다. 장님이 자리에 앉자 아이들은 때를 놓치지 않고 지팡이를 뺏으려고 달려든다. 이 장면에서 만신과 주변 사람들은 한통속이 되어 장님을 속이고 있다. 굿상의 음식은 변변치 않다. 하지만 장님이 보지 못하는 것을 악용하여 무녀는 막걸리를 조청이라고 속이고 값싼 시래기를 고비나물, 고사리라고 권한다. 그 사이에 아이들은 어떻게든 장님을 골탕 먹이려고 호시탐탐 기회를 엿보고 있다. 장님(杖님)은 지팡이에 의지하는 사람이라는 뜻의 단어로 맹인의 비속어이다. 지팡이가 없으면 장님은 아무 데도 갈 수 없다. 무당은 먹을 것을 속이고 아이들은 유일하게 의지할 수 있는 지팡이를 뺏으려 드니 이런 난관이 어디 있겠는가. 배는 고프고 지팡이조차 뺏기게 생긴 장님은 이런 상황을 몰라서도 속고 알면서도 속을 수밖에 도리가 없다. 장애인의 비애가 아닐 수 없다.

그래도 세상에 공짜가 없다. 만신은 엉터리 음식을 먹여 놓고는 무꾸리를 해 달라고 요구한다. 장님의 대응도 만만치 않다. 얻어먹은 것이 시원치 않으니 점은 세상 제일 간단하게 치고는 적당히 생기일, 복덕일이라고 축원해 주는 것이다. 장님은 독경을 하니 엄연한 사제이다. 독경으로 병도 고치고 안택도 하는 것이 바로 장님의 직업이기 때문이다. 그렇지만 사회의 평판은 전혀 호의적이 아니다. 무당굿도 큰 차이가 없다. 서로 도둑이라고 상대를 비방하면서 서로 측은히 여기는 것이 현실이다. 춤추는 무당이나 경 읽는 독경무나 사회적 약자인 것은 마찬가지이기 때문이다.

장님 그러나이러나 우리 뺑덕어멈을 찾아야지. (앉아서 밀전병을 들고 타령으로) 우리 뺑덕어멈 어딜 갔다 인제 오나. 동지섣달 긴긴밤

에 이가 물어도 어멈 생각, 옷이 드러도(드러워도) 어멈 생각, 오뉴
월 삼복중에 빈대가 물어도 어멈 생각, 배가 고파도 어멈 생각. 어
딜 갔다 인제 오나 오래간만에 키쓰나 한번 해 보자. (밀전병에 입
을 맞춘다) 내가 뺑덕어멈에 미쳐 밀전병이 뺑덕어멈인줄 알고 입
을 맞췄군. (전병을 내던지고 뺑덕어멈을 찾았다. 그녀의 머리를 만져
본다) 머리에서 향내가 물컹물컹 나는 걸 보면 양갈보 노릇을 하
는 모양이야.

이제 놀이는 다시 한번 장애를 가진 장님의 현실로 돌
아간다. 앞 못 보는 장애인이 홀애비로 지내는 일상은 불
편하고 구차하기 짝이 없다. 밥 차려 줄 사람도 없고, 옷
을 빨아 줄 사람도 없다. 동지섣달 긴긴밤에 벗이라고는
여기저기 깨무는 이밖에 없으니 외로움이 사무친다. 장
님은 도망간 마누라 뺑덕어멈을 그리워하지만 찾을 가망
이 없는 것은 본인도 아는 일이다. 어쩌면 앞을 보지 못
하는 장님이 뺑덕어멈을 찾기는 애초에 그른 일이었을
것이다. 설령 찾는다고 해도 다시 돌아올 기약은 더더욱
없는 것이 장님의 지금 처지이다. 여기저기 헤맨 끝에 간
신히 찾았으나 여자는 이미 다른 길에 들어섰다. 포기할
수밖에 없었다.
아마도 이런 이야기가 장님의 실생활일 것이다. 앞을

보지 못한다고 해서 정상적인 부부의 삶을 살지 못하는 것은 아니다. 그렇지만 대개는 어려운 것이 현실이다. 만나는 여자마다 도망가고 잊지 못해서 찾아보지만, 아내는 이미 '양갈보'로 지칭되는 유흥가로 들어서 돌아오지 않는다. 놀이에서는 장님이 제 주제도 모르고 여자나 밝히는 것처럼 그려졌지만 밑바닥에는 정상적인 가정을 가질 수 없는 장애인의 비애가 깔려 있다. 그 비애는 장님을 놀리는 타령으로 더욱 깊어진다.

장님: 그러나저러나 내가 여길 오다가 욕을 잔뜩 먹었어.

만신: 무어라고 해요?

장님: 그 자식이 멀었구나 멀었구나 하길래 나더러 갈 길이 멀었다는 줄 알았더니 눈깔이 멀었다고 하지 않겠소. 그래서 내가 일년 홍수점을 쳤지.

만신: 그래 뭐라고 쳤소.

장님: 정월에는 정을 치고 이월에는 이질을 앓고 삼월에는 삼눈을 앓고 사월에는 사죽을 못쓰고 오월에는 오살을 맞고 유월에는 육시를 하고 칠월에는 치질을 앓고 팔월에는 팔을 잃고 구월에는 귀를 앓고 시월상달에는 시들어 죽어라.

만신: 무슨 장님이 그따위 점을 치오.

장님: 그래서 내가 가만히 생각을 하니 전생에 죄가 많아 눈깔이

멀었는데 이승에 죄가 많을까 해서 다시 덕담으로 점을 쳤소.

만신: 뭐라고 점을 쳤소.

장님: 애끼 부자 될 자식아, 삼십이 넘도록 장가를 못 가다가 장가를 들어서 첫 아들을 쑥 낳아라.

만신: 잘했어. 그래 뭐라고 욕을 합디까?

장님: 저기 가는 저 장님 색시방에 들었는지 감은 듯이 잘 멀었네. 저기 가는 저 장님 은방 앞에 갔는지 은봉처럼 잘 멀었네. 저기 가는 저 장님 뜸물통에 빠졌는지 뿌옇게도 잘 멀었네. 저기 가는 저 장님 미나리논에가 빠졌는지 퍼렇게도 잘 멀었네. 저기 가는 저 장남 식칼전에 갔던지 어인 듯이 잘 멀었네. 저기 가는 저 장님은 이불전에 갔는지 엎은 듯이 잘 멀었네. 저기 가는 저 장님은 취진전에 갔던지 우물주물 잘 멀었네. 저기 가는 저 장님은 목화밭엘 갔던지 송알송알 잘 멀었네. 저기 가는 저 장님은 너무밭에 갔었던지 덕석같이 잘 멀었네. 저기 가는 저 장님은 과부방에 갔었는지 제에미 붙게 잘 멀었네. 저기 가는 저장님은 홀애비방에 갔었는지 제애비 붙게 잘 멀었네. 이렇게 욕을 잔뜩 먹었기 때문에 신세 한탄을 한다오.

만신: 그래 뭐라고 한탄을 하오?

장님: 우리 어머니가 나를 슬 때 배나물을 잡쉈는지 배라먹게 설

은지고. 우리 어머니가 나를 날 때 비름나물을 잡쉈든지 빌어먹게 팔자를 탔네. 우리 어마니가 나를 슬 때 도라지나물을 잡쉈는지 돌아다니는 게 팔자야. 우리 어머니가 나를 슬때 고비나물을 잡쉈는지 고비고비 설운지고. 우리 어머니가 나를 밸 때 매디나물을 잡쉈는지 매디매디 설운지고. 우리어머니가 나를 밸 때 콩나물을 잡쉈는지 콩 튀듯이 설운지고. 이렇게 신세한탄을 했소.

   평생 놀림을 받으면서 살아왔는데도 여전히 장님은 인간에 대한 신뢰를 잃지 않았다. 그래서 '멀었구나 멀었구나' 하는 놀림을 눈이 먼 것이 아니라 갈 길이 멀었다는 말로 착각한다. 사람들은 끈질기게 장님을 놀리고 골탕을 먹이는데 장님은 여전히 그런 현실에 익숙해지지 못하고 또다시 상처를 입는 것이다. 그래서 '병에나 걸려라!' 모진 점으로 소심한 복수도 해 보지만 곧 후회하고 덕담으로 마무리를 한다.
   그렇다고 해서 사람들의 장난이 그치는 것은 아니다. 여전히 눈먼 장님을 놀리는 노래를 부른다. 이런 노래는 떼창으로 부르기에 집단적인 모욕이라고 볼 수 있다. 사회 전체가 장님의 장애를 놀림거리로 삼는 비정한 현장이다. 그러나 장님은 저항할 힘이 없다. 어린아이부터 성인에 이르기까지 아무런 죄책감 없이 놀리지만 이제 장님은 그런 사회가 부당하다는 생각조차 하지 못한다. 그래서 이런 장애를 부모 탓으로 돌리면서 신세 한탄을 하는 것이다. 나물타령은 장님놀이와 상관없이 전국에서 전승되는 민요인데 장님의 상황에 적합하여 넣은 것으로 보인다. 장님타령 역시 이 놀이에서는 직접 장님을 향해서 부르는 것으로 설정되어 있지만, 눈이 먼 상황을 찰떡같이 들어맞는 비유로 묘사한 노랫말이 재미있어 인기 있는 유흥요의 하나이기도 하다. 이처럼 뒷전에는 민요를 차용하는 경우가 적지 않다. 신을 청하고 신의 이야기를 전달하는 굿이라면 당연히 무가를 불러야 하지만 뒷전은 사람들의 일상을 그리고 있다. 뒷전에서 민요 차용이 잦은 것은 민중의 일상을 표현하는 과정에서 자연스럽게 만들어진 전통이다.

장님: 여기 약수가 좋아 앉은뱅이는 일어서서 가고 벙어리는 말도
　　　한다. 내 눈을 좀 떠야겠다. 물할멈 물할어범 대명천지 밝히
　　　소서. (이때 눈에 약수를 바르고 눈을 떠 보나 떠지지 않는다)
만신: 경칠놈의 장님 물할멈 물할아범이 뭐야.
　　　장님 물할머니 물할어범 대명천지 밝히소서. (이때 한쪽 눈을
　　　뜬다)

만신: 다시 해요.

장님: 물할머니 물할아버지 대명천지 밝히소서. 모두 잘못한 것을 사하시고 눈뜨게 해 주셔요. (두 눈 다 뜬다) 감은 것만 못혀, 어째 허전허전하고 하늘이 돈짝만 하다. 이제 이댁가중 남녀애기 기를 적에 애삼년 석삼년 마른안주 진안주 깨끗이 다 저치고 명경같이 화전같이 점지해 주소서.

뒷전의 장님놀이는 어느 지역에서나 장님이 눈을 뜨는 것으로 대미를 장식한다. 장애를 극복하는 것이 바로 뒷전의 목적이기 때문이다. 그런데 눈을 거저 뜰 수는 없다. 누군가의 도움 또는 이를 가능케 하는 과정이 필요하다. 그래야 장님이 눈을 떴다는 기적을 받아들일 수 있기 때문이다. 심청가에서 심봉사는 죽은 줄 알았던 딸이 살아 있는 것을 알고 너무나 보고 싶은 마음에 번쩍 눈을 뜬다. 심청의 효심이 하늘을 감동시킨 결과이다. 뒷전에서는 그런 스토리가 없다. 그래서 등장하는 것이 바로 약수이다. 이 약수를 관장하는 신은 바로 물할머니와 물할아버지이다. 이들이 약수를 내 주어야 장님이 눈을 뜰 수 있다는 것이다. 장님은 온갖 곤욕을 치르면서 먼 길을 걸어 이곳에 왔다. 비록 집 나간 마누라는 다시 찾지 못했지만 이곳은 눈먼 사람이 눈을 뜰 수 있는 신성한 장소이기도 하다. 장님은 물할머니와 물할아버지에게 잘못을 용서받고 약물을 얻어 결국 눈을 뜨게 된다.

눈을 뜨는 이 대목에는 생명의 물에 대한 신앙이 깔려 있다. 처음 장님은 물할머니, 물할아버지를 물할멈, 물할 어범으로 부르면서 하대한 죄로 눈을 뜨지 못한다. 신성한 존재를 함부로 대하는 불경을 저질렀기 때문이다. 장님이 잘못을 인정하고 제대로 호칭을 사용한 뒤에 비로소 눈을 뜬다. 눈을 뜨기 위해서 구체적으로 하는 행위는 약수를 눈에 바르는 것이다. 이는 자신의 죄와 허물을 신성한 물로 씻어 내는 과정으로 이해할 수 있다. 약수를 통해 깨끗한 존재가 될 때 비로소 장님은 눈을 뜨고 자유로워지는 것이다. 인간의 허물을 깨끗이 씻어 줌으로써 치유하고 살려 내는 생명의 물에 대한 신앙심을 읽어 낼 수 있다.

그런데 장님놀이는 마지막까지 흥미로운 반전을 제시하고 있다. 장님은 눈만 뜨면 세상이 확 달라질 줄 알았는데 막상 눈을 뜨고 보니 오히려 두 눈으로 본 세상은 별 볼 일이 없다. 가슴이 벅차도록 어마하게 큰 세상을 기대했는데 세상이 돈짝만 하게 보인다는 것이다. 어찌보면 가당치도 않은 이 말은 어떻게 해석해야 할까.

현실은 상상보다 작을 수밖에 없다. 어둠 속에서 상상

만 하던 세계가 눈앞에 펼쳐진 그 순간, 장님은 눈을 뜸과 동시에 현실과의 거리를 직시한다. 어둠 속에서 그가 상상하던 무한한 세상이 유한해지는 순간이기도 하다. 어쩌면 그는 상대적으로 초라하고 작은 세상과 마주하게 된 셈이다. 밝은 세상에서 우리가 볼 수 있는 것은 그다지 멀지 않다. 빛이 태양에서 지구까지 오는 시간, 즉 8분 19초가 전부이다. 하지만 깜깜한 밤이 되어 태양이 사라지면 별을 볼 수 있다. 수만 수십만 수백만 광년의 시간이 밤하늘을 수놓고 있다. 안드로메다은하라는 250만 광년이 우리 앞에 펼쳐지는 것이다.

눈앞에 보이는 것들이 오히려 우리의 생각과 상상을 막을 수 있다. 그래서 앞을 보지 못하는 상태에서 더 먼 미래를 볼 수 있다는 역설이 생긴다. 전통사회에서 맹인의 직업은 점을 치고 그 결과에 따라 독경이라는 의례를 통해 액을 물리고 복을 주는 사제였다. 이들의 의례를 앉은굿이라고 불렀는데 오로지 맹인만이 할 수 있는 일이었다. 맹인이 눈을 뜨고 일반인과 같아지면 오히려 미래를 보기가 어려워진다고 믿었기 때문이다. 사실 눈이 있다고 앞을 제대로 보는 것은 아니다. 멀쩡하게 눈을 뜨고도 물건을 잃어버리고 심지어 사기를 당하는 수가 부지기수이다. '눈뜬 장님'이라는 말도 있지 않은가.

시각장애인이 오히려 미래를 보는 예언자로 등장하는 것은 동서를 막론하고 존재한다. 테이레시아스는 소포클레스의 희곡 「오이디푸스왕」과 「안티고네」에 등장하는 유명한 예언가이다. 그는 앞을 보지 못하는 맹인이지만 신이 인간에게 하고 싶은 말을 전하는 매개자이자 앞일을 예언하는 능력자이다. 오이디푸스는 멀쩡하게 눈을 뜨고도 아버지와 어머니를 알아보지 못했다. 그래서 아버지를 죽이고 어머니와 결혼하여 아들과 딸을 낳는 패륜의 주인공이 되었다. 모든 진실을 알게 된 오이디푸스는 마지막 순간 스스로 자기 눈을 찌르고 만다. '눈뜬 장님' 오이디푸스가 스스로에게 내린 형벌이었다. 오이디푸스는 맹인이 되어 자신이 다스리던 테베를 떠난다.

무속에서 맹인의 존재는 이중성을 갖는다. 철없는 어린아이를 비롯하여 가정과 사회로부터 냉대받고 무시당하는 장애인이자 미래를 예언하고 인간의 길흉에 도움을 줄 수 있는 예지자가 그것이다. 이로써 뒷전의 장님은 비록 눈앞의 강은 보지 못해 빠질 위험에 처하지만 더 먼 미래는 볼 수 있는 반전의 인물로 등장하는 것이다. 다만 무당뿐 아니라 독경무의 사회적 위치 역시 매우 낮았던 터라 이들의 소외된 약자로서의 삶은 지속될 것으로 보인다.

해산타령

경기도 재수굿의 뒷전은 장님놀이를 중심으로 채록되어 있다. 장님놀이 뒤에는 해산하는 장면이 짧게 소개되어 있는데 그 내용을 살펴본다.

해산을 좀 해야겠소. 방앗간에서 밴 자식, 내가 아들을 나야 할지 계집앨 날지 모르오.

(무녀가 안으로 들어가려 하는 것을 만류하며 여기서 낳으라고 한다)

해산을 하려면 산신메도 올려야 하고 부정도 풀어야 할 테니 떡값을 내놓으세요.

(떡값을 십 원 정도 준다. 그러면 무녀가 사과를 가지고 해산하는 시늉을 한다)

예쁘게 생겼네. 이크 오줌을 싸네.

허허둥둥 내 사랑 은을 주면 너를 사랴 금을 주면 너를 사랴 나라에 충신동아 부모에 효자동아 일가친척 우애동아 동지에게 우애동아 동네방네 인심동아 내외부처 근원동아 자손에게 법입동아.

(아들 없는 사람이 십 원 정도 주고 사과를 사 간다)

전국적으로 해산놀이에서 해산모는 아버지가 누구인지 모르는 자식을 낳는다. 해산타령에 등장하는 해산모 역시 방앗간에서 밴 자식이라는 것으로 보아 정상적인 출산이 아닌 것을 알 수 있다. 하지만 아기를 낳다가 죽은 여인의 고통은 그려지지 않고 오히려 복을 주는 것으로 가볍게 마무리한다. 실제 하탈귀의 모습은 김태곤이 채록한 무가에 적나라하게 드러나고 있다.

> 허튼 머리를 비껴 께구
> 청 추마 옆에 끼구 거적자리를 옆에 끼고
> 가위 실패를 허리침에 너쿠서 울구 가던 하탈영산

하탈영산은 아기를 낳다가 죽은 여인이다. 서울지역 무가에는 하탈영산의 비참한 모습이 생생하게 묘사되어 있다. 아기를 잃은 여인이 무슨 정신에 머리를 빗겠는가. 하탈영산은 흐트러진 머리를 산발한 채 제대로 치마를 입지도 못한 모습으로 울고 있다. 얼마나 먼 길을 정처 없이 가는 것인지 노숙자처럼 잠자리까지 옆에 끼고 있다. 여자가 평생 손에서 놓지 않던 바느질거리는 허리춤에 챙겼지만 허무하게 잃어버린 아기를 찾아 헤매는 듯 허위허위 걸어가는 여인의 모습이 손에 잡힐 듯하다. 잡귀는 저승에 들지 못하는 존재이다. 이 불쌍한 여인은 이렇게 이승과 저승을 아기를 찾아 떠돌 수밖에 없다. 단 세 마디 노래에서 여인의 아픔이 적나라하게 드러나지만 정작 뒷전에는 이런 장면이 없다. 다만 아기를 낳는 과정

을 묘사한 뒤에 자식 없는 집에 복으로 점지해 주는 내용
으로 바뀌어 있다.

지신할머니[4]

서울의 뒷전은 대부분 간단하게 놀기 때문에 캐릭터가
확실하게 드러나는 내용을 찾기 어렵다. 필자가 쓴 논문
가운데 지신할머니거리를 분석한 내용이 있다. 지신할머
니는 영감을 찾아 굿판에 왔다. 그런데 정작 영감은 아내
가 굿판에 가는 것을 방해하면서 깔고 앉아서 '엉덩이가
궁뎅이가 되고 배꼽이 소꼽이 되고 무릎이 도마가 되어
병신이 됐다'고 한다. 이는 모두 성적 골계이다. 지신할
머니는 굿판에서 약값을 받아 냈지만 정작 병원은 가지
않았다. 영감이 다 고쳐 주었다는 것이다. 말로는 영감손
이 약손이라고 하지만 영감은 아픈 아내가 제대로 치료
받는 것을 방해하고 그 돈을 착취하는 인물이라는 것을
짐작할 수 있다. 지신할머니놀이의 내용은 간단하다. 하
지만 지신(地神)할머니는 이름에서 짐작할 수 있듯이 마
을 수호신이자 풍요의 여신의 흔적을 가지고 있다.

---

4   황루시, 「무당굿놀이개관」, 『이화어문논집』 제3집, 155-182쪽, 이
     화어문학회, 1980. 해산거리와 장님거리도 있으나 경기도편과 내용
     이 유사하여 생략한다.

2. 황해도 마당굿과 용신굿

황해도 철물이굿의 뒷전은 마당굿이라고 부른다. 철물이굿은 집에서 정기적으로 하는 재수굿인데 주로 부자들이 한다. 만 이틀 동안 동네 사람들을 모두 청하고 잔치처럼 시끌벅적 대접하여 돈이 많이 들기 때문이다. 황해도에서는 잡귀들을 통칭하여 뜬신이라고 부른다. 무녀는 장구재비를 상대역으로 놓고 일인다역으로 여러 뜬신들의 모습을 묘사한 뒤에 풀어먹인다. 황해도 마당굿은 주로 장애인을 대상으로 하는 것이 특징이다. 한 다리 한 발 절뚝이며 살다간 혼신, 기어 다니는 기바리, 하늘만 보는 천상바라기, 성에 집착하는 바보, 안팎곱사등이, 매독으로 코가 뚫린 혼신 등이 등장하여 춤을 추고 노래를 부른 뒤 병을 고치고 간다. 그 외에 아기를 낳다가 죽은 임산부와 시집살이 하다가 양잿물 먹고 죽은 며느리가 등장하고 마지막에 맹인이 파경하는 것으로 마친다.

철물이굿 외에도 황해도 서해안에서는 풍어를 기원하는 굿이 발달했다. 남북이 분단되어 이제 황해도는 갈 수 없는 땅이 되었다. 그러나 인천에는 황해도 무당들이 대거 남하하여 굿을 전승했다. 그 결과 마을 단위의 대동굿과 선주들이 배 사고 없고 고기 많이 잡게 해 달라고 하

는 배연신굿이 국가무형문화재로 지정되어 맥을 잇고 있
다. 이들 굿의 마지막 거리에서는 바다에서 일을 하다가
비참하게 죽은 뜬신들을 달래 준다. 철물이굿의 마당굿,
배연신굿의 다릿발 용신굿과 강변굿, 대동굿의 강변수살
용신송신굿의 내용을 살펴본다. 텍스트는 김금화가 직접
정리한 자료를 분석했다.[5]

한 다리 한 팔 못 쓰는 병신, 기바리, 천상바라기

만신: 뜬신들 오너라 청하면 고마워서 오고 오지 말라면 밉살맞아

서도 온다네. 빠짐없이 와야지.

(차례로 갖은 병신이 다 들어오는데 만신은 문 쪽으로 몇 걸음 걸어

가 각각의 병신 흉내를 내며 장고 앞으로 가 병신들의 한을 푼다)

(몇 걸음 나갔다가 한 다리를 쩔뚝 절면서 들어온다)

나는 이렇게 한 다리 한 팔 쩔뚝 절며 살다간 혼신이라네.

둥둥 하니 굿을 여겨 나도 먹구 놀구 가네.

(춤을 추다가 문 쪽으로 간다)

(또 구경꾼의 신발을 뺏어서 신에 신발을 끼우고 장고 앞으로 기

어 와서 엎드려 춤을 춘다)

---

5   김금화, 『김금화의 무가집』, 195-207쪽, 문음사, 1996.

장고: 기바리 오는구먼.

만신: 오양간 문 열어 놓고 소문 났길래 왔더니 차려 놓은 것을 서 발막대를 휘둘러봐도 걸리는 것이 하나 없음메.

장고: 아이 왜 없씨까? 도리깨 눈으로 휭 둘러보면 여기저기 먹을 것 잔뜩 차려 놓았는데.

만신: (휘둘러보며 음식을 먹는다)

잘 먹었음네. 장고산이 명산이라 병 고치고 가겠음네.

(춤추며 문 쪽으로 나갔다가 하늘만 쳐다보고 더듬거리면서 들어온다. 장고 앞으로 오다가 장고를 넘어가려고 한다)

장고: 아니 쇠경 경 읽듯이 자꾸 옵네까?

만신: 아 나는 천상바라기라 땅의 일이 안 보여서 하늘의 일만 알지. 장고 장고산 징산 몽석산에서 춤을 헐애기 추며 낫니께이 춤을 춥시다.

만신: (춤을 추다가 땅으로 고개가 돌아간다)

춤을 추면 낫는다더니 하널천 따지 땅만 보게 되었으니 어떻게 합네까?

장고: 다시 춤을 더 추면 되니 어서 춤을 추시오.

만신: 옳지. (춤을 춘다) 이제 보니 정말 그렇시다.

마당굿은 장애인들이 차례로 찾아와 자기 이야기를 한 뒤에 음식을 먹고 춤추고 병을 고쳐서 돌아가는 방식으로 시작된다. 장애인을 포함하여 마당굿에 등장하는 혼신들은 모두 뜬신이라고 할 수 있다. 어디에 정착하지 못하고 이승과 저승을 떠도는 뜬신은 정서적으로 불안정하다. 그래서 상대방의 태도에 매우 민감하게 반응한다. 워낙 바라고 기다리던 굿이라 오라고 하면야 물론 고마워서 덥석 온다. 문제는 오지 말라고 할 때이다. 그래도 뜬신은 온다. 갈 곳도 없고 배도 고프기 때문에 찾아가지 않을 수가 없다. 오지 말라면 '밉살맞아서도 온다'는 것이다. 뜬신은 스스로 삐친 것을 숨기지 않고 있는 그대로 드러내어 표현하는 존재들이다. 자신의 존재감을 과시하고 몸값을 올리려고 상대방과 흥정을 하는 여유 따위는 보고 죽을래도 없다. 어떻게든 굿판에 가야 하고, 가고 싶어 하는 마음을 감추지 못하는 하수인 것을 그대로 드러내는 존재가 바로 뜬신인 것이다.

뜬신들은 이 굿을 간절히 바라고 있었다. 오라고 하면 당연히 고마워하면서 오고 오지 말라고 해도 어떻게든 온다고 하니 그만큼 굿에 대한 갈망이 강한 존재들이다. 왜 이렇게 굿을 바라고 있는 것일까. 우선은 배가 고프기 때문이다. 이들이 무엇보다 원하는 것은 음식이다. 모두 먹는 것에 굶주려 있다. 바닥을 기어 다니는 기바리는 머리를 들 수가 없어서 차려 놓은 음식이 보이지 않는다.

그래서 사방으로 막대를 휘두르면서 먹을 것을 찾는다. 사실 차려 놓은 음식이 별로 없기에 막대에 걸리지 않았을 것이다. 먹을 것이 없다고 불평하자 장구재비는 차려 놓은 것이 많다면서 달랜다. 배가 고픈 뜬신은 더 이상 불평할 기운도 없어 허겁지겁 먹는다. 뜬신들에게 주는 것은 남은 음식을 조금씩 덜어 놓은 것이니 오양간에 가득 잘 차려 놓고 신을 대접하던 본 굿상과는 비교가 되지 않는다. 그렇지만 무엇이든 먹고 배를 불려 가면 족한 것이 바로 뜬신이다. 인간의 본능이자 죽는 순간까지 이어지는 욕구를 채워 주는 굿판에서 뜬신들은 온전히 자신들을 위한 식사를 마음껏 하는 것이다.

배를 채운 뜬신들이 두 번째로 원하는 것은 장애에서 벗어나는 일이다. 그들의 삶에서 장애는 단순히 몸이 불편한 것이 아니었다. 세상은 장애인에게 냉정하고 무자비했다. 장애는 평생 그를 구속했고 인간답게 살 수 있는 기회를 박탈했다. 마음을 좀먹는 장애 때문에 그의 삶은 피폐했고 고통은 죽을 때까지 이어져 결국 한으로 남았다. 뒷전이야말로 그들이 마지막으로 자신을 치유할 수 있는 마당이다. 그것을 알기에 그들은 이 기회를 놓칠 수가 없고 간절히 바라다가 찾아온 것이다.

장애인이 자신을 치유하는 방법은 마음껏 춤을 추는

것이다. 굿판은 장고산, 징산, 몽석산(명석산)으로 부른다. 장구와 징은 춤을 출 때 장단을 쳐 주는 악기이고 몽석은 춤을 추도록 깔아 놓은 자리이다. 굿판은 바로 춤추는 자리인 것이다. 비록 거친 멍석자리이지만 징, 장구 소리에 신명을 내어 춤을 춘다. 아무리 춤을 추어도 장애가 사라지지 않으면 좀 더 춤을 춰야 한다. 주어진 시간이 넉넉하지 않기에 열심히 춤을 춘다. 더욱더, 온몸이 부서지도록 춤을 추다 보면 마침내 장애가 사라지고 자유로운 존재가 되어 이들은 모진 세상을 떠날 수 있게 된다.

하탈귀와 자결귀

만신: (병을 고치고 다시 몇 걸음 나갔다가 임신부 시늉을 하며)

　　　애기 낳고 태를 못 나서 죽었지. 이개 저개 이놈의 개들이

　　　태의 냄새를 맡고 쫓아오고 술주정꾼들이 안주한다며 따라

　　　다니네.

장고: 여기서 춤을 추면 병을 고쳐가요.

만신: 옳지. (춤을 춘다)

　　　(다시 몇 걸음 나갔다가 목을 늘이며 꼴깍꼴깍 하며 들어온다)

　　　이건 또 뭐야.

만신: 나는 시오마이가 몹시굴어서 양잿물 먹고 죽었음네.

장고: 저기 가서 약과 물을 먹어.

만신: (큰 떡을 꼬챙이에다 끼워 가지고 와서 통째 삼키려고 한다)

장고: 저것 봐. 저렇게 맹꽁이니까 잿물 먹구 죽었지.

만신: (떡을 작게 뜯어 하나씩 꼬챙이에 끼워 먹는다)

장고: 하나씩 똑똑 떼어 먹고 물을 마셔서 고쳤으니 가세.

만신: 물을 먹고 고쳤으니 나는 가겠음네.

이 부분은 가엾게 죽어간 여인들의 이야기를 보여 준다. 아기를 낳다가 죽은 하탈귀와 스스로 목숨을 끊은 자결귀이다. 아기를 낳다가 죽은 것도 억울하고 슬픈 일인데 죽음 이후에도 여인은 냄새가 난다고 동네 개나 술주정뱅이의 놀림감이 되었다. 자살은 남녀를 불문하는 죽음의 형태이지만 그 원인에 시집살이라는 서사를 포함시켜서 한 많은 여인의 죽음을 보여 준다. 그렇지만 놀이를 하는 무녀는 등장인물에게 특별히 감정이입을 하지 않는다.

'애기 낳고 태를 못 나서 죽었지', '시오마이가 몹시굴어서 양잿물 먹고 죽었음네'. 상황을 상상해 보면 너무나 절박하고 끔찍한 죽음들이지만 만신은 최소한의 몸동작과 함께 이야기를 전할 따름이다. 참혹하고 잔인한 여인의 죽음은 과장된 동작이나 감정의 노출 없이 전달된다. 거기에 덧붙여 무녀는 그런 죽음의 결과로 지금까지 어떤 곤욕을 치르고 있는지도 알려 준다. 이들의 고통은 끝나지 않았다. 이들의 고통은 현재진행형인 것이다.

바보귀신

만신: (다시 문 쪽으로 몇 걸음 나갔다가 벌벌 기어 오는데 침과 코를 줄줄 흘리며 바보 시늉을 한다)

색시 하나 얻어 줘.

장고: 자지도 못 쓰면서 무슨 색시를 얻어 달라고 그랴.

만신: (다른 남자 사타구니를 가리키며) 내 새끼손가락처럼 쪼끔해.

(자신의 사타구니에 팔을 대고) 내 자지는 이만한데.

(술도 먹고 춤을 추다가 고쳐서 간다)

뜬신 가운데 딱히 바보귀신이라는 카테고리는 없다. 다만 바보이기에 최소한의 본능적 욕구도 허락되지 않아 고통을 받았던 남성의 이야기를 보여 주고 있다. 지능이 떨어지는 바보라고 성적 욕구가 없는 것은 아니다. 바보라고 해서 성적 능력이 없거나 남성으로서의 자부심이 약한 것도 아니다. 하지만 우리 사회에서 바보는 단지 바보일 뿐, 남성으로서의 성을 인정받지 못한 채 살아가게 된다. 바보니까 온전한 남성이 아닐 것이라고 여길 뿐 아니라 더 나아가 남성이라고 주장하는 것 자체가 불가하다고 본다. 이는 단순히 성적인 것을 떠나 인간으로 대우해 주지 않는 현실을 보여 준다. 이 놀이는 바보는 무조건 성적으로 문제가 있을 것이라고 단정할 뿐 아니라 원천적으로 정상적인 혼인을 차단하는 사회의 편견을 드러내고 있다. 사실 성적 능력은 객관적으로 검증하기 어렵다. 과연 누가 건강한 남성성을 보유하고 있는지는 아무도 모르는 문제인 것이다. 이에 대해 바보는 은근슬쩍 상대방과 비교하면서 사회의 편견에 저항한다. 웃음으로 숨겨져 있기는 하지만 바보도 인간으로의 존엄성이 있음을 드러내는 것이다.

꼽추

만신: (몇 걸음 나갔다가 안팎 없는 등꼽장이 시늉을 하며 들어온다)

장고: 어디서 무얼 해 먹고 오뚜께이 그렇게 숨이 차서 그럽니까?

만신: 나 여기서 굿한다고 하길래 구경을 오는데 내일 모레 어저께 그저께 열다섯 보름 전부터 왔는데 쌈지 차고 주머니 차고 염낭 차고 두부 서말 해서 다 먹고 거품을 다 넘기고 숨

만 남았담네. (하며 헐떡헐떡 숨을 쉰다)

장고: 어디 춤을 추어 봐. 그런데 춤이나 출 줄 알갔꿰이.

만신: 나는 옛날에 팔자가 사나와서 의붓아들이 나보다 삼 년 맏
　　　이인데 환갑날 굴뚝에서 소등깨 쓰고 몰래 추던 춤이 있지
　　　그려.

장고: 그럼 어서 그 춤을 춰서 병 다 고쳐 가지고 가라우.

만신: (삼현장단으로 꼽추춤을 춘다. 그리고 병을 고치고 간다)

　박복한 여자 꼽추가 등장했다. 안팎으로 등이 붙어서
숨조차 제대로 쉬지 못하는 여인이다. 그렇지만 꼭 굿에
오고 싶어서 자기 나름대로는 준비를 잘했다. 쌈지 차고
주머니 차고 염낭까지 찬 차림이라니 귀중한 것은 모두
챙겨서 길을 떠난 모양이다. 문득 사계절 옷을 모두 덧입
고 그것도 모자라 신문지와 담요까지 챙겨 등에 메고 양
손 가득 들고 다니는 노숙자들이 떠오른다. 행여나 길에
서 배가 고플까 봐 미리 두부까지 만들어 먹는 등 단단히
준비하고 출발했지만, 굿판으로 오는 길은 등 굽은 장애
인에게 너무 멀었다. 출발한 날이 내일인지 모레인지 어
제인지 그저께인지도 알 수 없는 먼 길을 열다섯 보름이
나 걸려 결국 주인공은 헐떡이는 숨만 남은 모습으로 간
신히 굿마당에 닿을 수 있었다. 여인은 남은 숨을 헐떡이

면서 춤을 추고 싶다는 자신의 소원을 알린다. 이렇게 숨이 턱에 닿아서야 춤도 못 출 지경이지만 오로지 춤 한번 걸게 추고 싶어서 힘들게 찾아온 굿판이 아니던가.

사람들은 말한다. 병신이 춤이나 출 줄 알겠냐고. 하긴 살아생전 춤을 출 기회도 여유도 없었을 것이다. 게다가 여인은 어떻게 시집을 간 것인지 아들이 자기보다 세 살이나 위라고 한다. 정상적인 집안이 아니다. 아들 나이가 연상이라면 남편은 도대체 몇 살이란 말인가. 어머니로도 아내로도 제대로 대접을 받지 못하고 살아온 세월이 한눈에 보인다. 평생 숨죽이면서 살았지만 그래도 여인은 춤을 추고 싶었다. 자유롭고 싶었다. 아들 환갑에 굴뚝에서 몰래 소등깨(솥뚜껑)를 쓰고 추던 춤이 남았다고 한다. 아무도 보지 못하는 곳에서 그나마도 들킬까 봐 무거운 솥뚜껑을 쓰고 추었던 통한의 춤이다. 그 춤을 마음껏 추면 몸의 병도 마음의 병도 나을 것인가. 어쩌면 춤을 춘다는 것 자체가 이미 병이 나았음을 증명하고 있다. 육체적으로는 불구지만 정신적으로는 자유로워진 상태이니까 말이다.

그래서 이 박복한 여자에게는 굿판이 큰 의미가 있다. 굿판은 여인이 마음놓고 춤을 출 수 있는 유일한 공간이다. 누구의 눈치도 보지 않고 무거운 솥뚜껑 아래 숨지 않고 당당하게 춤을 출 수 있는 곳이 바로 굿판인 것이다. 장애인이 자신의 장애를 있는 그대로 드러낼 수 있을 때 비로소 병은 극복될 수 있다. 마음의 장애가 훨씬 무섭다. 여기에서 벗어나지 못하게 막는 사회적 장애가 훨씬 더 무섭다. 그런 편견이 없는, 오히려 장애인을 알아봐 주고 반겨 주는 굿판은 이들이 장애에서 벗어나 자유로워지게 해 주고 결국 병을 치유하게 하는 것이다.

용창귀

만신: (다시 몇 걸음 나갔다가 용창(매독) 먹은 사람으로 콧잔등에 종이를 부치고 콧소리를 하며 들어온다)

나 먹을 것이 없시꺄?

장고: 저기 돼지고기 있으니 먹고 가라우.

만신: (껑충껑충 뛰며 뒷걸음질을 친다) 나는 그것 목 먹갔시다. 보기만 해도 줄행랑 친담네.

장고: 그러구 보니 난봉질을 해서 용창을 먹었구만. 보니깐 소리도 잘하겠는데 소리 한마디 해 보라우.

만신: (콧소리하며) 소리는 뱃속으로 하나 있으나 코가 창이 나서 저저끔 나올려고 해서 못해. (하면서 주먹을 코에다 대고 오른쪽 왼쪽을 번갈아 올렸다 내렸다 하면서) 너도 나간다 나도 나

간다 해서 못하겠시다.

장고: 그래도 잘해 보라우.

만신: (장고를 가지고 춤추며 놀면서 병신난봉가를 부른다)

　　　병신의 종자가 어디 또 따로 있나

　　　한 다리 한 팔 못 쓰면 이것도 병신이라네

　　　(한 다리 한 팔을 절뚝절뚝 절며 춤을 추면서)

　　　노잔다 때려 부셔라 저리 젊어서 놀자

　　　늙어 병들면 못노리로다 코 먹은 소리로 난봉이 났네

　용창(매독)으로 죽은 귀신은 코가 뚫려서 콧잔등에 종이를 붙이고 코 먹은 소리를 내면서 등장한다. 난봉질을 많이 해서 성병에 걸린 것이다. 먹을 것을 찾자 장구재비는 환자가 먹을 수 없는 돼지고기를 먹으라고 놀린다. 그렇지만 이에 굴하지 않고 용창귀신은 자기의 신명을 풀어낸다. 장구재비가 소리나 한마디 하라고 권하니 소리는 뱃속으로 하나 가득 있으나 코가 창이 나서 저마다 먼저 나오려고 해서 못한다고 한다. 수많은 소리들이 '너도 나간다 나도 나간다' 자기들끼리 싸움을 한다는 것이다. 용창귀신이 한 다리 한 팔을 절뚝절뚝 절며 춤을 추면서 부르는 노래는 다름 아닌 병신난봉가이다.

병신의 종자가 어디 또 따로 있나

한 다리 한 팔 못 쓰면 이것도 병신이라네

　병신난봉가는 사랑가의 일종인 민요이다. 원래 흥겨운 노래이지만 첫마디가 병신으로 시작되기 때문에 노래하는 사람도 병신 흉내를 내면서 부른다. 그런데 병신난봉가의 첫마디는 병신의 종자가 따로 있지 않다는 선언으로 시작된다. 원래 장애인과 비장애인의 구별이 없고 사람은 누구든 한순간에 장애인이 될 수 있으며 나아가서는 장애가 사람을 구별하는 기준이 될 수 없다는 점을 전제하는 것이다. 현실하고는 전혀 동떨어진 노랫말이지만 이로써 적어도 놀이판에서만큼은 장애인이 차별받지 않는 분위기가 설정된다.

　그런데 마당굿에서 병신난봉가를 부르는 존재는 바로 용창에 걸려 코 먹은 소리를 내는 장애인, 즉 병신이다. 본디 민요는 즉흥적으로 상황에 맞게 가사를 지어 부르는 경우가 많다. 용창에 간 귀신이 부르는 병신난봉가의 두 번째 소절이다.

노잔다 때려 부셔라 저리 젊어서 놀자

늙어 병들면 못노리로다 코 먹은 소리로 난봉이 났네

노랫말에 나오는 코 먹은 소리를 내는 사람은 말할 것도 없이 용창에 걸린 자신이다. 하루라도 젊었을 때 놀자고 하는 사람이 바로 난봉이 나서 용창에 걸린 본인인 것이다. 비장애인이 병신난봉가를 부르는 것과 실제로 장애인이 병신난봉가를 부르는 것은 큰 차이가 있다. 노래하는 사람이 곧 노랫말의 주인공이기 때문이다. 노래를 부르는 장애인은 있는 그대로의 자신을 인정하고 있다. 설령 코 먹은 소리밖에 못 내는 처지이지만 뱃속에 가득 찬 소리를 지금 이 자리에서 내 놓아야 한다면서 자신의 본능에 충실한 모습을 보이는 것이다.

마당굿에서는 용창에 걸려 죽은 귀신이 가장 걸게 잘 논다. 춤추고 노래도 부르면서 오랫동안 신명풀이를 한다. 대개 장애인들은 장애의 책임이 자신에게 있지 않다. 처음부터 장애를 가지고 태어난 사람도 있고 팔자가 기박하여 사고를 당해 장애인이 될 수도 있다. 그렇지만 용창은 스스로 사회의 질서를 어긴 결과로 얻은 병일 가능성이 크다. 따라서 장애인 가운데 가장 관중의 공감을 얻기 어려운 존재일 것이다. 그렇지만 굿에서는 이런 장애인조차도 차별받지 않는다. 오히려 주인공인양 마지막에 등장하여 춤추고 노래도 부르면서 신명풀이를 하여 병을 고치는 것이다.

장님 파경

매화 풍잎이 저질려져 그거 떨렁 깨어져 죽은 귀야

황해부사 삼 년만에 흰 떡 하나 못 얻어먹어 제물에 살짝 돌아간 귀야

둥굴납짝 절편귀며 네 귀 번뜻 사방귀

층암절벽 석교상에 대롱대롱 매달려 절처귀

독수공방 빈방 홀로 누워 잠자다 그거 덜렁 깨어진 귀야

처녀 죽은 손가락 골미귀며 총각 죽은 몽취귀며

구중궁궐 별당 안에 수절하던 열녀과부 원혼귀며

홀애비 죽은 말뚝 목침귀야

너두 먹고 물러나고 나도 잡숫고 물러간다

춘풍도리 화개시에 꽃날리던 귀

추우오동 엽락시에 잎(앞?)날리던 말명귀며

고소성 외한산사에 염불하던 성사귀

화간 춘풍 잠방시에 줄 타고 놀던 광대귀야

야밤삼경 등불 잡고 놀던 독갑귀

월명사 창에 달 밝은데 생이별에 임 그리워 상사귀야

대문 밖에 엿보던 귀며

어떤 잡놈 팔자가 좋아 남의 집 유부녀에 정들이고 마음대로 못해

야밤삼경 담을 뛰어 넘어가다 불알통이 타꿰져 죽은 귀며

이번에는 팔자가 더 좋은 광목장사 십 년에

버선목다리 하나 못 기워 신고 빳빳이 얼어죽은 동태귀

구년지수 긴 장마에 퉁퉁 부어 죽은 귀

천집 만집 대문전에 걸식하던 걸인귀야

주안결에 사창전에 님 그리워 간 귀

금잔옥배 벌여 놓고 매취하던 창녀귀

어떤 남자 팔자 기박하여 풍운에다 정을 두고 두루사방 하옵다가

팔장베고 죽은 귀야

…

마당굿의 마지막은 장님의 파경이다. 장애인으로서의
장님이 아니라 독경하는 사제로서의 장님이다. 그런데
막상 내용을 보면 제대로 된 독경을 하는 것이 아니라 이
루지 못한 남녀의 갈등을 해학적으로 표현하고 있다. 남
녀의 정을 모르고 갔거나 뜻대로 사랑을 이루지 못한 죽
음들이니 그 사정은 애절하지 않을 수 없겠는데 표현은
자못 해학 내지 풍자적인 것이다. 무당과 경객은 어떤 면
에서 경쟁자이다. 그런 점에서 일부러 남녀상열지사에
해당하는 경을 엮어서 맹인의 독경 자체를 폄하하려는
의도가 엿보이기도 한다. 그렇지만 마당굿의 파경에는

본능을 이기지 못하고 죽은 영혼이 가난을 못 이겨 죽은 가엾은 죽음들과 함께 거론되고 있다. 오히려 본능을 인정하고 자연스럽게 사는 것이 인간적인 삶이라는 인식을 읽어 낼 수 있는 것이다. 본능이든 가난이든 자연재해이든 장애에 걸려 인간답게 살지 못하고 죽은 모든 존재에 대한 연민이 해학적으로 녹아 있다.

수살귀

여기가 어디냐

내가 조개를 열심히 줍다가

밀물이 들어오는지도 모르고 죽은 수살귀야

먹고 살기 힘들어서 바닷가에 나가서 억울하게 죽은 나야

아 배고파 여긴 음식도 많네

이거 내가 다 먹고 대주를 도와줄건데

그래도 물뻑 소리나 한번 하고 가야 되지 않겠나

나나 나나 산이로구나 아니나 놀고 무엇 할소냐

낫가리봉에 엿 사다 붙인 거 설설이 동풍에 다 녹아난다

나나 나나 산이로구나 아니나 놀고 무엇 할소냐[6]

---

6 강석정, 『한국의 무가 13 – 황해도굿 이야기1 재수굿(철물이굿)』, 187쪽, 민속원, 2019.

어촌에서 하는 철물이굿 마당굿에는 농촌과 달리 수살귀가 등장한다. 수살귀는 물에 빠져 죽은 귀신인데 그 사연이 가슴 아프다. 사람의 욕심처럼 허무한 것이 없다. 눈앞에 보이는 조개 몇 개 때문에 너른 바다 사방에서 밀물이 들어오는지도 모르고 정신없이 줍다가 결국 물살에 휩쓸려 죽고 말았다. 하지만 눈앞의 그 조개는 단순한 조개가 아니다. 내일 아침 식구들 입에 들어갈 밥이다. 학기 내내 아침마다 학교에 못 가고 가방을 든 채 서 있는 큰아이 등록금이다. 밀물보다 더 혹심한 가난에 등 떠밀려 눈앞에 조개밖에 보이지 않았던 것이다. 결국 가난 때문에 비참한 수살귀가 되고 말았다. 배고픈 한이라도 풀려는지 수살귀는 허겁지겁 음식을 먹는다. 그러고 나서는 자기 나름대로 체면을 차리면서 대주를 도와주겠노라 인사말을 한 뒤에 연평도 난봉가 한 자락을 부르기 시작한다.

가난하다고 사람답게 살 권리를 포기한 것은 아니다. 배부르니 어릴 적 배웠던 소리가 절로 나온다. 행복했던 시절에 부르던 노래이다. 만선배가 들어오거나 부잣집 잔치마당에서 오랜만에 고기 한 점을 먹으면서 흥겹게 부르던 노래, 밭을 매면서 노동의 괴로움을 달래 주던 노래이다. 수살귀는 잠시나마 행복했던 순간으로 돌아간다. 그 추억을 살아본다. 구경꾼들이라고 별다를 바가 없다. 운이 좋아서 물살을 피했지만 오로지 하루 두 끼라도 먹기 위해서 몸부림치던 기억이 생생하다. 이들의 시름을 달래 준 것도 역시 노래였다. 함께 소리를 흥얼거리면서 수살귀와 수살을 면한 사람들이 한자리에서 한마음이 되어 본다.

다릿발 용신

다리발을 오르내리다 죽은 용신들

배옥선관들이 오를 제 시외는 용신

내릴 제 시외는 용신

이름도 성도 모르는 용신

아무개배 배연신굿에 등등화 소리를 듣고 오신 용신

짓는 것은 한숨이요 뿌리는 것은 눈물

서럽고 억울해하는 용신들

골고루 먹고 갈제

다릿발 용신은 배연신굿 가운데 배를 타고 내리다가 가엾게 죽은 혼신들을 위한 굿이다. 이들은 죽어서도 배를 떠나지 못하고 뱃사공들이 배를 타고 내릴 때마다 주변을 맴돈다. 자신들처럼 사고를 당하지 말라고 배를 타고 내리는 선원들을 보호해 준다. 그러면서도 차마 가까이 가지 못하고 있다가 둥둥 배연신굿 한다는 북소리에 드디어 모습을 드러낸 것이다. 이들의 특징은 모두 성도 이름도 없는 존재라는 것이다. 그들은 한이 맺혀 늘 한숨 쉬고 눈물을 뿌리며 억울해한다. 유일한 위로가 있다면 굿뿐이다. 굿소리를 반겨 듣고 찾아온 이들에게 무녀는 먹을 것을 대접하며 따뜻하게 위로해 준다. 사람들은 누구라도 자신을 기억해 주고 이름을 불러 주기를 원한다. 아무도 자신을 기억하지 못하고 봐 주지 않을 때의 외로움, 그것이 바로 귀신의 아픔이다.

강변용신

에라 만세 내 받아나요 내 놀아나요 기다리던 용신
바라던 용신 등등화 소리에 듣고 왔던 용신 남용신에 여용신에
해를 묵은 용신 철을 묵은 용신 먼 바다에 간 용신 이름 모르는
무명의 용신 서자 용신 애동 초목의 용신 이 대동에 가가호수에
집안에 용신 물 위에 떠다니는 용신 우느니 눈물 쉬느니 한숨
배고파하는 용신 대동굿에 호명을 부르니 고픈 배를 불려가요
쓰린 가슴 전줄러 한 잔 술에 흠향하고 난음식에 벌여진 곳에

골고루 받아가요 꿈자리 비몽에 빗기지 말고
사몽 간에 개개치를 말고 잔뜩잔뜩 받아 가지고

대동굿의 마지막에 하는 강변용신굿에서 풀어먹이는
잡귀들이다. 강변용신굿은 주로 바다에서 죽은 영혼을
위로하는 굿이다. 강변용신퇴송굿은 날만세받이로 한다.
날만세받이는 굿의 마지막에 여러 신들을 보내는 부분으
로 무녀와 장구재비가 빠른 곡조로 주워섬긴다. 이들 역
시 다릿발 용신굿의 뜬귀들처럼 이름도 없이 죽은 영혼
들이다. 먼 바다에서 죽어 물 위를 떠도는 존재들이다.
남녀노소를 가리지 않을 뿐 아니라 해를 묵은 용신처럼
이들은 오랜 시간 동안 눈물을 흘리면서 울고 한숨을 쉬
면서 굿을 기다렸다. 집에서 제사를 지내 주는 처지도 못
되는지라 늘 배가 고프다. 쓰린 가슴을 부여 안고 한숨과
눈물의 세월을 보내면서 이들이 할 수 있는 것은 오직 기
다리는 것뿐이다. 누구나 받아들이고 주인이 될 수 있는
굿판에서 자신을 불러 주는 것, 그래서 고픈 배를 불리고
한 잔 술에 목을 축이는 것이다. 그게 안 될 때 용신들이
할 수 있는 일은 그저 꿈자리에 슬쩍 나타나 자신의 존재
를 호소하는 것 정도이다. 바로 이들이 뒷전의 주인공이
다. 이미 잊힌 존재, 그렇지만 잊힌 것이 슬퍼서 가슴 아

황해도 대동굿. 마당굿에서 탈을 쓰고 노는 무녀들.　　　ⓒ김수남사진

프고 눈물짓는 존재들이다.

　이런 존재를 정성스레 기억해 주는 것이 바로 굿이다. 집에서 굿을 하면 제일 먼저 무당이 하는 일은 죽은 조상을 챙기는 것이다. 무당은 혹시나 집안에 비참하게 가신 영혼이 있는지 가족들에게 묻고 굿을 할 때 한 분도 빠지지 않고 모두 대접할 수 있도록 주의 깊게 배려한다. 굿을 하는 목적 가운데 하나가 떨어진 조상을 챙기는 일이라고 믿기 때문이다. 다른 말로 하면 굿은 제사를 받지 못하는 조상을 기억하는 장치인 셈이다. 그리하여 집안의 어두운 역사를 짚어 내어 하나하나 풀어 주는 것이 바로 굿이다. 굿은 인간과 인간, 인간과 신, 삶과 죽음이 화해하는 자리이다. 제대로 살아가려면 살아 있는 사람

끼리의 화해도 중요하지만 죽음과의 화해도 못지않게 긴요하다. 그래야 죽음이 삶을 간섭하지 못하고 죽음에서 해방되어 진정한 삶을 살아갈 수 있기 때문이다. 그 가운데서도 뒷전은 기억의 저 뒤편으로 잊힌 뭇 죽음과의 화해가 이루어지는 자리인 것이다.

3. 동해안 별신굿 거리굿[7]

여기에서 분석할 텍스트는 1972년 평해면 직산리 별신굿에서 송동숙이 주제한 거리굿이다. 송동숙은 경북 영해에서 유명한 양중이었다. 1928년생인 송동숙의 무계는 증조부부터 추정할 수 있는데 조부 송학봉, 부친 송도성은 모두 경북에서 이름난 양중이었다. 어릴 때 아버지를 여읜 송동숙은 의부 제갈성도와 주문진에 살던 송순택에게 굿을 배웠다. 송동숙은 이혼한 본처 변연호, 두 번째 처인 김미향, 딸 송명희와 사위 김장길, 아들 송정환과 함께 경상북도에서 한 시대를 풍미했던 양중이다.

---

7   서대석·최정여, 『동해안무가』, 280–353쪽, 형설출판사, 1974. 1972년 10월 17일 울진군 평해면 직산 1리 별신굿의 거리굿으로 주무는 송동숙이다.

2006년 세상을 떠난 후 김미향, 송명희, 송정환도 모두 사망하여 현재는 김장길이 홀로 대를 잇고 있다.

송동숙은 어릴 때 2년 정도 서당에서 한문공부를 했다. 그 영향인지 점잖은 품성에 시조창과 소리도 뛰어나 학습의 깊이를 느끼게 했다. 장구를 칠 때는 작은 몸집에서 뿜어 나오는 힘이 엄청났고 지화 제작에도 일가를 이루었다. 그렇지만 거리를 멕일 때는 파탈하고 사람들을 웃겼다. 굿 잘하는 무당은 모두 뛰어난 연기자라는 것을 증명하는 또 한 사람의 양중이었다.

두세 시간 정도 걸리는 거리굿은 크게 두 대목으로 나뉜다. 주인공이 저승에서 간관이라는 벼슬을 받아 잡귀를 풀어먹이는 자격을 획득하기까지의 내용과 간관이 되어 구체적으로 수비들을 풀어먹이는 내용이 그것이다. 서장, 사장거리(훈장거리), 과거거리, 관례거리는 앞부분에 속한다. 그 후에 이어지는 골매기할매거리, 골매기할배거리, 봉사거리, 뱃노리거리, 머구리거리, 해녀거리, 미역 따기, 병정놀이, 해산거리는 해당 인물의 삶과 죽음의 현장을 묘사하면서 잡귀들을 풀어먹이는 놀이이다. 최근에는 관례거리의 앞부분이 거의 생략되어 전체 내용을 하지 않는데 송동숙의 거리굿은 완전에 가까운 구성을 보여 주었다.

먼저 시작하기에 앞서 송동숙은 '여러 신들을 착실히 잘 모셨지만 이들을 따라오는 수비가 있다. 불문이 삼천 통이라도 별줄이 하나 안 뜨며 댓가리가 삼천날이라도 주절이가 으뜸이라. 우리가 삼일 동안 별신을 착실히 올렸으나 그 뒤에 회반을 갖다가 이 거리 잡신을 잘 풀어먹이지 못하며는 거리 한 보람이 없고 또 우리가 속담에 말과 같이 뒤 보고 밑구무 안 닦은 거와 한가지다'라고 거리굿을 하는 이유를 설명했다. 원래 굿에는 와음이 많다. 불문이 삼천통이라도 별줄이 하나라는 말은 '그물이 삼천 코라도 벼리가 으뜸'이라는 문서를 뒤튼 것으로 보인다. 댓가리는 정확하게 알 수 없지만, 댓가리가 많아도 집의 신들을 보호하는 주저리가 제일 중요하다는 의미로 해석된다. 결국, 아무리 몇 날 며칠 동안 별신굿을 잘했어도 이제부터 내가 할 거리굿이 제일 중요하다는 뜻이다. 거리를 잘 먹이지 못하면 굿이 끝나지 않아 마감을 못 한 채 열려 있게 된다. 기껏 굿을 했는데 마무리가 안 되었으니 굿한 보람이 없는 것이다. 그걸 막으려면 역시 지금부터 할 거리굿이 제일 중요하다는 설명이다.

과거거리

과거거리는 과거에 실패한 주인공이 자살하고 저승에

간 뒤에 수비를 풀어먹이는 간관으로 다시 이 세상에 나오기까지의 이야기를 담고 있다. 비속어와 성적 골계가 웃음을 유발하는 가운데 짬짬이 현실을 풍자하는 내용이 들어 있다. 주인공은 원래 하늘나라 옥황상제의 맏제자인데 죄를 짓고 세상에 내려왔다고 한다. 서당에서 글을 가르치다가 남자로 태어나 과거를 한번 봐야겠다고 나선다. 그렇지만 과거를 보러 갈 여비가 없다. 이때 등장하는 다섯 마누라 이야기는 일견 재미있지만 동시에 많은 생각을 하게 만든다.

巫[8]: 우리 집에 가면 내가 또 마누라가 또 내가 다섯이나 되제.

반주자: 다섯이나.

巫: 다섯인데 왜 그런지 모르제. 자 헤아리거던 바레이. 하난 깔고 자야제 하난 덥고 자야제 하난 비고 자야제 하난 안고 자야제 하나 남는 건 저런 친구 오면 친구 좀 기마이 쓸라고.

마누라가 다섯이라는 설정은 코미디에서 자주 사용하는 과장법의 하나이다. 마누라가 둘이라고 하면 처첩갈등의 첨예한 현실이 떠오르지만, 마누라 다섯은 주인공

---

[8] 거리굿을 하는 송동숙을 가리킨다.

이 임금도 아닌데 누가 들어도 허황하다. 그래서 깔고 자고 덮고 자고 비고 자고 안고 자고 심지어 친구에게 빌려준다는 인간 말종의 이야기도 그저 웃음으로 넘기게 된다.

하지만 이 이야기는 명백하게 일부다처제의 당대 현실을 반영하고 있다. 이 굿을 하던 70년대 초만 해도 첩을 둔 남자들이 적지 않았다. 돈 있고 권력 있는 남자들에게 첩 하나쯤 있는 것은 흉으로 잡히지 않던 시절이다. 남자들은 대부분 돈으로 여자들을 취했기에 남녀가 평등하지 않았다. 본처 역시 첩의 존재를 눈감아 주는 경우가 많았다. 가장 큰 이유는 자식이었다. 아버지 없는 자식으로 키우고 싶지 않거나 다른 여자에게 내 자식을 맡길 수 없다는 생각이다. 하지만 더 크고 실질적인 이유는 감당하기 어려운 경제에 있었다. 이혼녀가 겪어야 하는 사회의 편견도 심각했지만, 경제적으로 독립할 수 있는 여성이 극히 적었던 것이다. 송동숙의 본처 변연호 역시 남편과 이혼한 후에도 후처 김미향과 셋이 함께 굿을 했다. 송동숙은 변연호와 김미향이 굿을 할 때 모두 장구를 쳤다. 동해안에서는 아내가 굿을 할 때는 반드시 남편이 장구를 잡는다. 변연호가 굴욕적인 관계 속에서도 굿판을 떠날 수 없었던 이유 역시 '목숨을 쥐고 있는 돈'에 있었다.

거리굿에 등장하는 남자는 여자를 다섯이나 취하고 있다. 그런데 여기에는 처첩의 구분이 보이지 않는다. 대신 여자들은 모두 잠자리의 대상으로만 존재한다. 게다가 여자들이 남편의 과거 길 여비를 마련하기 위해서 몸을 파는 내용도 적나라하게 묘사되어 있다. 한 마누라는 아랫달비 석자 일곱치 판 돈을 주었고 또 한 마누라는 남편이 평해장에 간 사이에 뒷집 김서방과 깍지우리(여물간)에서 잠시 군밤 논 돈(눈 쇠긴 돈)을 여비 하라고 준다. 아랫달비도 사실상 몸을 팔았다는 내용을 연상케 한다. 그런데 주인공은 아무런 죄책감 없이 그 돈을 가지고 과거 길을 떠난다는 것이다. 이 설정 안에서 주인공은 남편이라기보다는 여자들을 팔아 이득을 취하는 악덕 포주와 다를 바가 없다. 극심한 가난 때문에 또는 도박에 눈이 떨어 딸이나 아내를 파는 이야기는 전통사회에서 자주 보인다. 그러나 거리굿에서는 마누라가 다섯으로 심하게 과장되어 있고 이어지는 달비 이야기는 더군다나 있을 법하지 않은 내용이어서 현실성이 떨어진다. 이 때문에 심각한 사회의 부조리를 담고 있는 놀이는 가벼운 웃음으로 처리되고 비판의 기능도 약화되는 점이 있지만, 현실을 지적하는 굿꾼의 시선은 분명하게 드러난다.

놀이의 중반부로 가서 과거 이야기가 나오면 상층문화

에 대한 노골적인 폄하와 혐오가 보인다. 역시 웃음을 통한 비판이지만 앞의 내용에 비해 강도가 훨씬 센 것을 볼 수 있다. 과거를 보는 주인공은 가난하여 붓이나 종이를 살 돈이 없다. 그래서 급한 대로 '객사 기둥 아래 펄럭이는 입춘 쪼가리로 명지(名紙)를 쓰고 부엌에서 마루 쓸던 모지랑 빗자루는 붓으로 쓰고 말 좆만한 수껑이(숯)는 먹 대신 사용' 한다. 그리고는 '나막신 뒤청이 검으리짝하니 짚시기 앞총이 헌겊총이라'라는 글로 과거시험에 합격을 한다는 것이다. 양반들이 절대로 신을 일이 없는 나막신과 짚신을 제재로 삼았다. 비 오면 나막신, 날이 좋으면 짚신을 신는데 그나마 모두 낡아서 떨어진 모양새이다. 말로는 과거에 응시한다고 하지만 과거 자체에 대한 불신이 글귀마다 깔려 있다. 어쩌면 붓이나 종이를 사지 못한 것도 단순히 가난해서가 아니라 소위 먹물에 대한 반감의 표현일 수 있다. 그런 일 따위에 쓸 돈은 없다는 것이다.

게다가 주인공은 과거에 급제했으나 벼슬을 받지 않는다. '선달은 다리가 아파서 못하고 참봉은 깝깝아 못하고 요강좌수는 찐내가 나서 못하고 초시는 시그러워서 못한다'면서 말장난으로 벼슬을 거절한 뒤 결국 주인공은 쫓겨난다. 상층 계층을 욕보이면서 그 나름대로 멋지게 저

항은 했지만, 그 결과 주인공에게 닥친 현실은 암담하다. 몸 팔아 여비를 대 준 마누라들에게 면목도 없다. 차마 집으로 돌아가지 못한 주인공은 공동묘지에서 약을 먹고 자살하고 만다. 저승에 들어간 주인공은 이번에는 저승 과거에서 장원을 하여 신도(신칼)를 들고 잡귀를 풀어먹이는 호구강감(간관)이라는 벼슬을 받게 되었다. 여기까지가 주인공이 거리를 메길 수 있는 권위를 획득하는 과정의 서술이다. 무리하여 응시한 과거에 실패한 뒤 죽음을 맞고 그 결과 저승에서 거리를 멕이는 간관으로 임명받았다는 것이다. 그렇지만 관중들이 공감하는 부분은 웃음 속에서 번뜩이는 가부장제도와 상층 계층에 대한 비판이 아닐까.

거리 문전에 나가니 억조창생 겨밀지조리 같은 귀신이 따비진 절진 치고 절진 따비진 치고 주홍 같은 입을 버리고 참 고리자자 지리 지잡게 상주 함청 공갈못 무소새 밀리듯이 곽 밀려가 있다. 게 나가니 이 귀신들이 여기도 풀숙 저기도 풀숙, 아 이 귀신들이 어예 죽 앉았는고 하니, 영감 죽어 노망 같은 귀신 절로로 주루룩 앉아 있고 할머니 죽어 망녕 같은 귀신 율러루 주루룩 앉았고, 총각 죽어 몽다리 같은 귀신 절로로 주루룩 세웠고 처자 죽어 부사귀 같은 귀신 일러루 주루룩 앉았고, 아 죽어 빼기 같은 귀신

절러루 주루룩 앉았고, 야 이 귀신들이 내가 떡 나가니 뭐 하러 왔
노 이러거든….

거리를 멕이라는 분부를 받고 거리에 나가서 그가 만
난 것은 수많은 잡귀들이다. 외롭고 배고프고 비참한 귀
신들이 자신을 기다리고 있는 세상으로 나온 것이다. 비
록 손에 칼을 들었지만 누구를 해치려는 칼이 아니다. 그
들의 한을 풀어 주려는 칼일 뿐이다.

그런데 귀신들은 주인공이 아직 어른이 아니라면서 먼
저 어른이 되어야 자신들을 풀어먹이는 간관이 될 수 있
다고 한다. 자연스럽게 놀이는 관례거리로 들어간다. 잡
귀를 풀어먹일 자격을 갖추기 위해 성인식인 관례를 하
게 되는 것이다.

관례거리

아이가 공식적으로 어른이 되었음을 공표하는 성인식
은 모든 문화에 존재했다. 성인식은 고통을 수반하는 경
우가 많은데 얼굴을 비롯하여 온몸을 찔러 새긴 문신이
나 귀와 코를 뚫는 것이 대표적이다. 거기 비하면 우리나
라 성인식은 점잖은 편이다. 아무런 고통을 수반하지 않
고 다만 머리를 올리는 것으로 어른이 되었음을 알린 것

이다. 어릴 때는 남녀 모두 머리를 땋아 늘인다. 하지만 어른이 되면 남자는 상투를 틀고 여자는 쪽을 지어 머리를 올리는 것이다. 지금 이런 풍속은 사라졌다. 하지만 요즘도 결혼식에 가려면 양가 어머니는 물론이고 집안의 기혼 여성들이 굳이 미장원에 가서 머리를 올리는 것을 볼 수 있다. 쪽을 짓지는 않아도 머리를 올림으로써 자신이 결혼한 어른임을 은연중에 알리는 것이다.

관례는 전통사회에서 하던 남자들의 성인식이다. 어린아이가 결혼할 수 없는 일이라 관례는 반드시 혼례를 치르기 전에 했다. 관례를 할 때는 혼례와 마찬가지로 관복을 입고 목화를 신은 차림으로 어른들을 모시고 예를 갖춰 대접하고 인사한 뒤에 상투를 틀었다. 이런 관례는 양반이나 부유한 집에서 했다. 일반적으로 농촌에서는 두레나 질에 가입할 때 막걸리와 떡을 돌리는 것이 일종의 성인식이었다. 이때 무거운 돌을 들어 힘을 과시하는 들돌들기를 하기도 했다. 거리굿의 관례거리는 소위 양반들의 성인식을 뒤튼 놀이이다.

주인공은 관례거리를 하기 전에 집안 어른들을 모셔놓고 자신을 어른으로 만들어 줄 사람도 정해야 한다면서 관중을 살핀다. 굿판에는 남녀노소 마을 사람들이 모두 모여 앉아 흥미진진한 얼굴로 송동숙을 올려다보고 있다. 쓱 돌아본 우리의 주인공은 집안 어른 사장으로 칠십 노인을, 아버지도 칠십 노인으로 정한 뒤에 할아버지는 십대 어린 소년, 할머니는 더 어린 8, 9세의 여아로 정했다. 일부러 기존의 위계질서를 무너트리려는 시도이다. 이렇게 관례에 참여할 어른을 정하는 과정에서부터 이미 관중은 웃음을 참지 못한다.

주인공은 아버지에게 인사를 한다면서 아버지로 정한 노인 앞으로 가서는 머리를 노인 다리 사이에 대고 두 다리를 껑충 뛰어 물구나무를 서듯이 하며 절을 한다. 이유는 '날 만들어 준 고향이 거기 있기에 아배에게 다정하게 인사를 한 거'라고 말한다. 머리가 아니라 사타구니로 하는 인사, 이것이 바로 그들의 세상이다. 똥구멍을 하늘로 쳐들고 거꾸로 보는 세상이다. 좋게 말하면 형식과 권위에 얽매이지 않는 태도이지만 질서를 파괴하는 행위이기도 하다. 원래 굿은 일상을 뒤트는 의례이다. 일상에서는 삶과 죽음이 엄격히 분리되어 있지만, 굿은 삶과 죽음이 만나는 자리이다. 일상에서는 위아래 서열을 정하고 질서를 지키는 일이 중요하지만, 굿은 이를 파괴하고 웃음거리로 만든다. 이 과정을 통해 새로운 질서가 만들어지고 새 세계가 열린다. 양반들의 전유물이었던 관례의 전형을 파괴하면서 즐거운 굿놀이가 시작되는 것이다.

巫 : 그래 우리 저 세상이 다 알다시피 우리가 관례하고 잔치해
　　가지고 으른 되는 거는 광문하기 어렵잖아. 잘 알지마는 사
　　촌 첫 모양 아 연댓살 먹을제 남 모르게 어른 되는 게 어디
　　가 제일 먼저 되더노.

사촌: (웃기만 한다)

巫 : 얘기해라. 보자, 부끄럽나. 뭐 다 아는 건데. 야 말하기 부끄
　　럽단다. 그러니 그 자리에다 내 표실 해 줘야 되겠다. 그래
　　야 남이 알지.

　　(巫는 짚으로 만든 상투를 허리에 둘러 상투 끝이 성기 있는 곳에
　　오도록 매어 준다)

巫 : 요거 맞제. 딱 요거 맞나.

　　(관중들 웃음을 참지 못한다)

　주인공은 관중의 한 명을 사촌으로 정한 다음 먼저 사
촌부터 관례를 시킨다. 어른의 상징은 머리를 올려 상투
를 트는 데 있다. 굿에서도 상투를 만든다. 그런데 굿에
쓰는 상투는 생김새가 좀 다르다. 짚으로 새끼를 꼬아
남근 모양으로 만든다. 새끼줄 중간쯤에 줄을 뭉쳐 직경
5센티미터, 길이 15센티미터 정도 되게 만들고는 이를
좆망건이라고 부른다. 그러고는 사촌의 성기 있는 쪽에

상투 끝이 오도록 조정하고 남은 양쪽의 새끼줄을 허리에 묶어 준다. 제일 먼저 어른이 되는 곳에 상투를 튼다는 것이다. 가장 실질적이고 유쾌한 관례가 아닐 수 없다. 그런데 거리를 멕일 때 주인공이 선정한 사촌은 대부분 어촌계장이나 이장이다. 마을의 책임자가 '좆망건'을 달고 우세스러운 상황에 빠지는 장면을 보면서 사람들은

포항 계원 별신굿. 마을 어른에게 좆망건을 매 주면서 웃음을 유발하는 양중 김장길.
ⓒ윤동환

마냥 즐겁다. 일상의 권위가 손상되는 모습은 그 자체로 즐거움을 주는 것이고 그것이 바로 굿의 본질이기도 하기 때문이다.

관례의 마지막은 어른들에게 음식을 대접하는 것이다. 무당은 온갖 남은 음식을 섞어서 만든 짬밥을 어른들에게 대접한다. 원래 이 짬밥은 잡귀용이지만 전혀 개의치 않는다. 그러고는 술을 거른다면서 입으로 막걸리를 걸러 뱉은 후에 어른들에게 마시라고 한다. 술을 휘저은 젓가락은 사타구니에 문질러 닦는다. 어른들은 웃기만 할 뿐 차마 마시지 못하고 결국은 짬밥에 슬그머니 붓는다. 마을 어른에 대한 자유로운 반항과 일탈이 이루어진다. 그러고 나서는 술값 내라 밥값 내라 뭐든지 돈을 요구한다. 가끔은 내가 돈을 받지 않을 테니 그냥 따라만 하라고도 한다. 마치 돈을 받는 것이 정상인데 특별히 봐준다는 듯이 이야기를 하는 것이다. 실제로 돈을 주어야 할 의무는 없지만 무당은 굿판 안에서 새로운 질서를 만들어 내고 그 속에서 매우 자유롭게 움직인다. 사람들은 웃음을 참지 못하고 이 반란을 마음껏 즐긴다. 무속신앙이 지향하는 자유와 평등의 굿 정신은 이런 정서적 교감을 통해서 자연스럽게 공동체에 스며드는 것이다.

골매기할매거리

골매기할매는 마을 지킴이 골매기신에 따라온 수부이
다. 대부분 뒷전에 등장하는 잡귀들은 억울한 죽음으로
한이 많은 존재인데 이들과는 성격이 좀 다른 셈이다. 골
매기할매는 굿을 좋아하고 나이를 먹었어도 성에 대한
관심을 감추지 않는다. 그렇지만 거리굿의 골매기할매는
전통사회 여성의 고단한 일생을 적나라하게 보여 주고
있다. 동시에 능동적인 성격으로 힘든 삶을 유머로 풀어
가고 극복하는 골매기할매는 신명이 넘치는 캐릭터로 등
장한다.

내가 집이서 가만히 누워서 들으니 그게 어디 소리 나기를 그저
내 귀에 쏙 들어오도록 신명나게 나드라. 어머야 장구는 어느 놈
이 치는동 그저 막 우둥두둥 둘레박자 우둥두둥 둘레박자 이러
제. 징은 어느 놈이 치는동 광공알 왕공왈 개공알 큰공알 이래 치
제. 메구는 누가 치는동 칠푼에 급났다 씹사소 칠푼에 급났다 씹
사소 칠푼에 급났다 씹사소 이라제. 세상에 재파리는 누가 치는
동 씹재자 씹재자 씹재자 씹재자 씹재자 씹재자 씹재자 씹재자
씹재자 이래 치지. 세상에 내가 집이서 가만히 들으니 그저 그 장
단에 춤 못 추면은 이건 귀신이 되도 상사귀신이 돼. 그래 내가 막
우줄우줄 우줄우줄 (팔을 들고 춤추는 모양을 한다) 아 이레 너부적

거리다 보니 세상에 신명이 꾹 바쳤데이.

신명이 꾹 바쳐 놓으니 세상에 어머이 젊을 때 다 쏟아 버리고 뭐
물이 있다나 고 밑에 공알 찌그러미 좀 있던 게 신명이 꾹 바쳐 노
니 쬐매 남았는 것까지 다 싸버러니 엄머이 옆에 누웠던 영감이
동동 떠내려 가버렸데이. 영감이 떠내려가 어디 있는 줄 몰랐더니
여기 떠 내려와 있네. (옆에 있는 노인을 가리킨다)

사물놀이가 전국뿐 아니라 세계적으로도 인기를 누렸
지만 우리나라 타악 가운데 음악의 정교함과 즉흥성으로
말한다면 동해안무속악을 따라가기 어렵다. 농악을 기반
으로 한 사물놀이는 아마추어의 음악으로 시작한 것이지
만 동해안무속 음악은 프로페셔널한 음악으로 수준에서
상당한 차이가 있다. 갑오경장 이전까지 일단 세습무 집
안에서 태어나면 무업밖에 먹고살 길이 없었다. 이에 남
자들은 죽어라고 장구를 두드리면서 기예를 닦았다. 생
각해 보면 무악은 어머니 뱃속에서부터 들은 음악이기도
하다. 이들의 태교는 모두 굿이요, 무악이었던 것이다.
이런 이유로 순전히 타악으로 구성된 동해안무속악은 우
리나라에서 가장 뛰어난 음악으로 자리 잡았던 것이다.

신을 부르고 신을 놀게 하고 신과 인간을 만나게 하는
무속악은 신명 그 자체이다. 골매기할매는 무악장단을

성적골계로 표현하고 있다. 장구, 꽹과리, 징, 제금으로 구성된 무악의 쇳가락은 억눌렸던 인간의 본능을 터뜨리는 힘이 있다. 장구소리, 쇳소리를 듣다 보면 자기도 모르게 발이 움직이고 우줄우줄 춤이 나오는 것이다. 여기에 즉각적으로 반응한 사람이 바로 골매기할매이다. 전통사회의 여성들이 그러하듯 굿의 정서 속에서 살아온 골매기할매는 무악을 듣자 신명이 터져 나왔다.[9] 우줄우줄 저절로 춤이 나온다. 신명은 집단적으로 전염된다. 골매기할매의 신명은 영감에게 전이되었고 굿판의 모든 사람들에게도 흘러가 모두를 하나로 묶어 줄 것이다. 쇠와 가죽을 두드리는 가장 본질적인 음악으로 인간의 본능에 기초한 무악의 신명이 어떻게 굿판의 사람들을 사로잡는지 눈에 보이는 듯하다.

할매: 요개 요개. (뒤를 손으로 치며 개 쫓는 시늉)

반주자: 개는 왜 자꾸 쫓나.

할매: 개 왜 쫓는동 모르지. 엄머이 답답해라. 내가 아리 좋지 못
　　　하다.

9　악기소리를 성적골계로 표현하는 부분은 제면굿에도 똑같이 나온다.
　　제면은 무조신으로 신명이 과하다는 점에서 골매기할매와 성격이 비
　　슷하다.

반주자: 아리 좋지 못하다뇨.

할매: 와 그런동 모르제. 내가 아를 너무 많이 나 가주구야.

반주자: 얼마나 내질렀길래.

할매: 아니 내 지르다니 그냥 낳지. 니는 내지르나. 에이순 고얀 거. 야 아를 메츨 낳는고 하니 시집 가기 전에 아를 일곱을 낳았지. 일곱이 맞지 요레면 (손가락으로 센다) 시집가서 아를 또 여섯을 낳지. 열서이지. 세상에 아를 열서이나 나 놓니 어머이 세상 알이 좋지 못해가 그저 앉은 데마다 냄새가 나지. 요년들 개가 하 먹을 거가 싶어 툭 불거진 거 고걸 보고 내만 딸아다닌다. 요게 아아구 요개 요개 이래 쫓아도 곧 따라다닌다. 세상에 아를 내 열서이나 나 낳니 그 좋을 리가 있나.

신명이 과한 성격과 다산은 골매기서낭의 수부로서 골매기할매가 가지고 있는 신성성의 흔적을 보여 주는 것이다. 서울굿 뒷전의 지신할머니나 봉산탈춤의 미얄할멈도 비슷한 유형이다. 이들은 모두 터와 마을의 지킴이로 신적인 존재이다. 그렇지만 놀이 속에서는 신성성이 약화된다. 대신 신명 많고 다산의 경험이 있으며 나이와 상관없이 여전히 성적 욕구가 강한 인물로 등장하는데 거리굿의 골매기할매도 마찬가지인 것이다.

전통사회에서 아이를 열셋이나 낳은 골매기할매는 다산과 풍요의 상징이었다. 그러나 거리굿에서는 더 이상 다산이 풍요로 이어지지 않는다. 다산은 피임이 어려웠던 시대의 산물로 피할 수 없었던 현실일 뿐이다. 심지어 놀이 속에서 다산은 원치 않는 임신의 결과이기도 하다. 골매기할매가 시집을 가기 전에 낳았다는 일곱 아이들은 말할 것도 없이 원치 않는 임신이었을 것이다. 이렇게 열셋의 자식을 낳았지만 남편에 대한 언급은 단 한마디도 없다. 결혼 전이나 결혼한 이후에나 가정을 이루는 동반자로서의 아내가 아니라 성적 대상, 그리고 아이를 생산하는 수단으로 존재한 것을 짐작할 수 있다. 그렇게 많은 자식을 낳았지만 골매기할매의 현실은 비참할 따름이다. 이제 골매기할매는 늙고 병들어 여성성을 상실했다. 물론 아이를 낳을 수도 없다. 여성성과 생산성을 상실한 골매기할매는 동네 개들이 이상한 냄새를 맡고 쫓아오는 신세로 전락했다.

우리 아들 이름은, 누 집이 가면 순자야 정자야 옥자야 뭐 순남아 정남아 이래 짓지. 우리는 그거 없다. 우리 집에 가면 마카 달루 쏟는다. 제일 맏딸 이름이 정월달이지. 마 정월달 이월달 삼월달 사월달 오월달 유월달 칠월달 팔월달 구월달 시월달 동지 섣달

이렇다. 고 하나가 남네. 하나 남게. 고 윤달 들 때 낳거든. 그래
열석달 안 맞나 이.

골매기할매거리는 지난했던 여성의 서사를 보여 준다.
이제 서사는 골매기할매에 이어 골매기할매의 딸들에게
로 넘어간다. 윗세대인 골매기할매보다 나을 것도 다를
것도 없는 여성들의 이야기이다. 이름이 있되 사실은 이
름 없이 살았던 여성들의 이야기가 짧지만 매우 충격적
으로 전개된다.

어떤 개체에 존재성을 주고 구분하게 하는 것이 바로
이름이다. 이름을 갖는 것은 사회에서 주체적이고 독립
적인 인간의 자격을 획득하고 인정받았다는 의미이다.
사람들은 이름을 통해 비로소 그를 한 인격체로 인식하
는 것이다. 뒷전의 주인공들은 딱히 이름이 없다는 공통
점이 있다. 이름도 성도 모르는 존재들이 바로 잡귀이기
때문이다. 그렇다면 낳은 달로 이름을 지었다는 골매기
할매의 딸들은 과연 이름을 가진 존재로 볼 수 있을까.
딸이 너무 많아서 혼란이 오는 것을 막으려고 정월달부
터 순서대로 이름을 지었다는 이야기는 웃음을 유발한
다. 그렇지만 이야기의 이면에는 이름도 성도 없이 살다
가 스러진 수많은 딸이 있다.

어릴 때 우리 앞집 넘쇠아버지는 늘 강아지 한 마리를 키웠다. 이름은 개똥이었는데 묶어 두지도 않아 제 발로 동네를 다니면서 이것저것 주워 먹으며 컸다. 그래도 넘쇠네 우물 옆에는 제법 반듯한 개집이 있었다. 개집 앞에는 쭈그러진 양은 밥그릇이 놓여 있고 말라붙은 시꺼먼 보리밥이 몇 알 붙어 있었다. 돌보지 않아도 동네 똥개들이 그렇듯 강아지는 혼자 잘 컸다. 무더운 여름날이 오면 넘쇠아버지는 중견이 된 개똥이를 뒷산으로 끌고 가서 잡았다. 복달임을 하는 것이었다. 그러고는 얼마 후 다시 새 개똥이를 구해서 키웠다.

나는 넘쇠아버지가 모든 강아지를 개똥이라고 부른 것은 그 나름의 의도가 있었으리라 생각한다. 사실 개똥이라는 이름은 그냥 개라고 부르는 것과 별반 다르지 않다. 개똥이는 어떤 면에서 개 전체를 의미하기 때문이다. 그래서 개에게 붙인 개똥이라는 이름은 독립적인 존재감이 빈약하다. 무의식적인 의도였을지 모르나 넘쇠아버지는 일부러 강아지에게 이름을 지어 주지 않은 것이다. 넘쇠아버지는 이름을 지어 주지 않음으로써 개똥이를 식구로 받아들이는 것을 원천적으로 차단하고 있었다. 개똥이는 반려견도 식구도 아니었다. 무더운 여름을 무탈하게 날 수 있도록 도와주는 식량이었다. 그리고 이렇게 중요한 식량인 개똥이는 오히려 식구가 아니어야 했다. 해가 바뀌고 강아지가 바뀌어도 똑같이 내려온 개똥이라는 이름이 바로 이를 가능케 한 일종의 장치가 아니었을까. 덕분에 정서적 거리 두기가 어느 정도 이루어졌을 것이다. 정월달, 이월달, 삼월달이라는 이름에 얽힌 딸의 서사에 문득 개똥이 생각이 났다. 이런 비교가 내키지 않지만 이름이면서 이름이 아니라는 점에서 둘이 닮았다는 느낌 때문이다.

할매: 이 딸을 마카 집구석에 놔 두고 멕일라카니 양식이 있나. 내가 마카 치워 버렸다.

반주자: 어디로 치웠는교.

할매: 어디로 치웠는지 모르제. 내 맏딸은 저게 갔다.

반주자: 어디로.

할매: 저기 저기저기 아가리 큰 데 갔다.

반주자: 아가리 큰 데라니.

할매: 아가리 큰 데 모르제. 세상에 고기 중에 아가리 큰 건 대구 아이가. 대구 갔다 대구.

아 고 담 딸 어디 갔는가 모르제. 고담 딸은 저기 고 밑에 내려오다가 마 호양질 갔다.

반주자: 호양질 가다니요.

할매: 아이구 답답애라. 호양질은 무슨 호양질 가. 야 영천 지나
　　　하양 갔다 말이다. 아 고 내려오다가 고 딸 하나 저 갔다. 저
　　　어 범 물어 갔다.

반주자: 범 물어 가다니.

할매: 아이고 버머리(梵漁里) 갔다 말이다. 버머리 아 그거도 모르
　　　나. 망내이 딸 어디 치웠나 모르제. 망내이 딸 저기 저 찔려
　　　갔다.

반주자: 찔려 가다니.

할매: 아이고 경주 찔레실 갔다 말이다.

　굿에는 이런 말장난이 많다. 하지만 이 경우는 단순한
말장난으로 치부하기 어려운 부분이 있다. 딸들이 시집
을 간 지역은 모두 듣기에 마음이 편치 않다. 제대로 혼
인하고 고향을 떠난 것이 아니라 어딘가 찜찜한 곳으로
딸을 치워 버린 것 같다. 아가리 큰 데라는 말은 입을 떡
벌리고 희생자를 기다리는 함정을 연상시켜 딸이 위험한
곳으로 내쳐진 느낌이 든다. 호양질 갔다거나 찔려 갔다
는 말은 모두 정상적인 결혼과는 거리가 먼 표현이다. 마
지막으로 범 물어 갔다는 것은 죽을 자리로 간 것과 같으
니 매우 위협적인 언사가 아닐 수 없다. 실제 지명이고
말장난이라는 것을 알아도 먹일 양식이 없어서 딸들을

치워 버렸다는 전제와 맞물려 정상적으로 시집을 보냈다는 생각을 하기가 어려운 것이다. 이름도 없는 수많은 딸들이 오로지 경제적 이유로 부모 곁을 떠나서 낯선 환경에 들어가 새로운 삶을 살게 된 역사의 서술이다. 놀이는 그렇게 팔리듯 시집을 간 여인의 녹록하지 않은 삶을 보여 주는 과정으로 이어진다. 바로 골매기할매의 며느리 서사이다.

골매기할매는 딸 열셋을 낳은 뒤에 아들을 두어 며느리를 얻었다. 골매기할매는 시어머니답게 며느리 흉을 보지만 웃음에 버무려진 며느리의 일상은 이른 아침부터 노동에 시달리는 것이다. 이른 새벽 시어머니 등쌀에 곤한 잠에서 깬 며느리는 우는 아이를 달랜 후에 끌어안는 남편까지 상대해 주고 비로소 부엌으로 가서 아침밥을 안친다. 그러고는 밭에 똥물을 주러 나간다. 똥단지를 이고 가는데 새벽까지 술 마시고 돌아오던 동네 어촌계장이 며느리를 보고 유혹한다. 노골적인 유혹에 잠깐 눈이 팔렸던 며느리는 그만 똥단지를 깨버리고 만다. 집에서는 육아와 가사에 시달리고 물색없는 남편은 도움이 안된다. 심지어 동네 안에서는 나름 권력자인 어촌계장이 대놓고 며느리를 유혹하는 분위기이다. 시어머니는 물론이고 남편조차 의지할 수 없어 가정이 울타리가 되어 주지 못하는 팍팍한 며느리의 삶이다. 어쩌면 며느리의 게으름은 힘든 일상에 지친 여인이 살아남기 위해 선택한 방안일지도 모르겠다.

골매기할매는 똥단지를 깬 며느리를 한껏 흉본 후에 옆집 싹불네 며느리 칭찬을 한다. 하지만 싹불네 며느리역시 하루 종일 집 안팎으로 종종거리며 일하는 것은 다를 바가 없다. 눈뜨자마자 아이를 돌보고 쌀 씻어 밥하고 밭에 거름을 주러 나간다. 거름이 모자라자 오줌을 누어 거름을 마저 채우고는 집으로 들어와 살림하면서 물레질까지 잠시도 쉴 틈이 없다. 게으른 며느리나 부지런한 며느리나 모두 고된 노동에 시달리는 일상은 다를 바가 없는 것이다.

시어머니, 딸, 며느리, 그리고 다시 시어머니로 이어지는 골매기할매거리는 여성서사의 완결편이다. 가족구성원 사이에서 이름도 존재감도 없이 성장한 딸들은 부모의 일방적인 결정으로 시집을 간다. 시집살이와 가사노동, 육아에 시달리면서 하루하루 늙어간다. 마침내 본인도 나이가 들고 시어머니가 되어 여성성을 잃어버리지만 지나가는 멋진 남자에게 잠깐 눈이 팔려 똥단지를 깼던 삶의 감수성은 여전하다. 오히려 나이가 들수록 삶의 의지는 신명으로 강해지고 고난을 이겨 낸 여인의 생명력을 보여 준다. 이런 생명력은 굿판의 주인공인 할머니들이 굳건하게 지켜온 것이기도 하다. 어쩌면 힘든 세상을 살아 내게 한 원초적 힘은 바로 굿판의 주인공인 우리나라 여성의 신명에서 나온 것이 아니었을까.

골매기할배거리

골매기할매의 서사에서 남편은 존재감이 전혀 없었다. 이어지는 골매기할배거리에서 비로소 남편의 진면목이 적나라하게 드러난다. 골매기할배는 아내 없이 독립적으로 살아가기 어려운 의존적 존재이면서 심지어 여자를 등치고 팔아먹는 파렴치한 남자로 등장하는 것이다. 이런 남성상은 이미 과거거리에서 본 바가 있었기에 그리 낯선 모습은 아니다.

안경 쓰고 갓을 쓴 골매기할배가 할매를 찾아 굿판으로 왔다. 할매가 자신이 집만 나가면 굿을 한다고 불평하면서 찾아온 참이다. 그러고는 아무나 붙잡고 담뱃불을 붙이라고 호령을 한다. 행세깨나 하는 존재임을 과시하고 싶은 모양이지만 실상 그는 할매와 놀아난 남자를 찾아 돈을 뜯으려고 온 것이다. 골매기할배는 '할매가 알(아래)이 좋지 못해 개들이 쫓아온다'고 한다. 이유는 지나친 성관계와 잦은 출산 때문인 것은 앞에도 이미 눈치를 챈 바가 있었다. 그런데 한술 더 떠서 그 상대가 남편만이 아닌 것이 드러난다. 골매기할배는 할매가 마을 총대와 놀아났다면서 돈을 받아 챙기는 것이다. 남편이 아니라 포주와 다름없는 행동이다. 거리굿에 빈번하게 나오는 자유로운 성적 골계는 마을의 풍요를 기원하는 일종의 은유라고 볼 수 있다. 하지만 여자 또는 아내를 소유물로 생각하는 사회적 묵계가 이야기의 바탕에 깔려 있는 것이다. 골매기할매거리에 비해 상대적으로 짧은데 이는 골매기할배의 빈약한 존재감을 드러내는 것이라고 하겠다.

봉사거리

경기도 뒷전의 장님타령과 일맥상통하는 부분이 있지만, 보다 간단하게 방아타령을 중심으로 엮은 놀이이다. 황해도 봉산에서 온 봉사는 오는 길에 각득아지매의 방아타령으로 봉변당한 이야기를 한다.

저기 오는 저 봉사 에이루야 방애요

이불전에도 갔든가 에이루야 방애요

덮은 듯이 잘 멀었네 에이우랴 방애요

저기 오는 저 놈의 봉사 에이루야 방애요

옹구전에 갔든가 에이루야 방애요

옹글지게도 멀었네 에이루야 방애요

저기 오는 저 봉사 에이루야 방애요

도끼전에 갔든가 에이루야 방애요

찍은 듯이 잘 멀었네 에이루야 방애요

　자신의 장애를 두고 놀리는 노래를 듣고 마음이 상한
봉사가 역시 방아타령으로 대응한다.

각득아지매 입으는 술잔이나 다를가

이 놈도 쭉쭉 저놈도 쭉쭉 맞춘다

각득아지매 젖으는 주전자 꼭지나 다를까

이 놈도 만지고 저 놈도 빤다

　봉사가 방아를 찧는 장면은 황해도 철물이굿 가운데
도산말명에 방아찜굿에도 나오고 판소리 심청가에도 나
온다. 여기서 부르는 방아타령은 무가가 아니라 전국에
서 유행했던 통속민요로 다양한 가사가 전승되고 있다.
방아를 찧는 것은 성행위의 은유적 표현으로 복을 찧는
것으로 해석한다. 특별히 봉사가 방아를 찧는 것은 그의
직업과 관련이 있다. 봉사는 독경을 하는 사제였기에 복
을 불러들이는 방아타령의 효과가 더 클 것으로 기대한

민중의 심리를 읽어 낼 수 있는 것이다. 하지만 거리굿에 등장하는 봉사는 이런 기복신앙과는 거리가 멀다. 각득 아지매가 방아타령을 부르는 목적은 오로지 봉사를 무시하면서 놀리는 데 있기 때문이다.

사실 이런 노랫말은 정서적 학대라고 볼 수 있다. 그렇지만 자신의 장애를 놀리는 각득아지매에게 장님은 분노를 직설적으로 표현하지 못한다. 다만 같은 방아타령으로 에둘러 여인의 난잡함을 폭로할 뿐이다. 성적으로 자유분방한 각득아지매의 캐릭터는 뒷전에 자주 등장하는 지모신의 흔적으로 해석할 수 있다. 하지만 봉사와 갈등을 빚는 각득아지매는 유흥가의 여인으로 보인다. 술집여자에게도 웃음거리가 되고 무시를 당하는 존재인 것이다. 가장 하류 계층에 속해 있는 봉사의 사회적 위치를 짐작케 하는 거리이다.

어부거리

어부거리는 어부들이 배를 타고 조업하러 갔다가 풍랑을 만나 결국 목숨을 잃는 내용이다. 어촌에서 하는 굿에만 등장하는 거리인데 어부들이 죽기까지의 과정과 상황이 상당히 디테일하게 묘사되어 비장미가 있다.

(이마에 수건을 동이고 대나무 장대를 가지고 노젓는 흉내를 내며 뱃노
래를 부른다)

어어어

어야디야 젓아라

어어어 에야 에야 에야

야 날씨 좋다 바닷물이 맹물 같구나

(뱃노래)

에야누 야누야 어야그 야노 어기여차 뱃노래 가잔다

일본 동경이 얼마나 좋아서

꽃 같은 나를 두고 연락선 타느냐

에야노 야노야 디야

에야노 야노 어기여차 뱃노리 가잔다

작년 같은 숭년에도 이밥을 먹었는데

올 같은 큰아기 풍년에 장가도 못 갔네

에야노 야노야아하 젓어라

에야노 야노 어기여차 뱃노래 가잔다

으스럼 달밤에 개구리 우는 소리

장가 못 간 노총각이 생발광 났구나

에야노 에노야 젓어라 잘 간다

에히 어어 어어어 어어

시작은 매우 평화롭다. 어부로 분한 무당은 대나무 장대를 가지고 노를 저으면서 뱃노래를 부른다. 오늘따라 날씨가 아주 좋다. 파도가 없는 바다는 호수처럼 잔잔하다. 절로 나오는 노래는 무가가 아니라 민요 뱃노래이다. 하지만 그 가운데 채택된 노랫말은 주로 장가를 못 간 총각의 신세한탄이다. 아직은 총각신세를 면하지 못했지만 고기가 잡혀야 장가도 갈 일. 고기만 많이 잡히면 무슨 걱정이랴. 한갓지게 노 젓는 어부의 마음은 벌써부터 만선의 풍요를 누리고 있다.

아 가만 있고라 보자. 이게 와 자꼬 노만 젓을 께 아니라 날씨도 봐가며 (이마에 손을 대고 하늘을 쳐다 본다) 뭐가 좋아서 지랄하고 에야노야 디야노 야노 하노. 지랄하고 시끄럽다. 시끄러워 부정탄다. 뭐 잔소리가 많노. (다시 하늘을 쳐다본다)

뱃노래를 부르면서 노 젓는 어부는 아마도 총각일 뿐만 아니라 바닷일에 서툰 풋내기일 것이다. 아무 생각없이 신세한탄을 얹어 '저어라 잘 나간다' 소리를 하면서 노만 젓고 있다. 하지만 노련한 어부는 뭔가 바다가 달라졌다는 것을 느낀다. 하늘이 심상치 않다. 지금 속 편하게 노래 부르면서 노를 저을 때가 아니다. 뭔가 불길함을 예감한 어부는 드디어 바다가 변해 버린 것을 알아차린다.

날씨가 시원찮은데. 어 가만 있그라. 저 새 밑에 둥둥구금 보레이. 이런 지기미 가마이 있그라. 세상이 감감해지노. 야 이게 뭔 바람이로. 아 이게 무슨 물이고 새한 들물이다. 이런 지기미야.

여기에 물이 먹 내려 쏟는다아 이런 니기미.

아 낙수가 마구 저기 내려 간데이. 아 안될따. 야! 거 닦아라. 저 빨리 조아 실어라. 날씨가 안 됐다.

야! 가만 있그라 보자. 저 배들은 벌써 다 거머 싣고 내뺀다. 벌써 발동선도 다 내빼는데 이거 가지고 어엘라 카노.

야! 꺼 실어라 막. 자 실어. 꺼 땡겨 올려라, 어뜩 자 땡겨!

야! 야! 빨리 자 실어라.

야! 안 될라 가만 있거라 야! 노 젓다 보면 이달 내 집에 다 갔다. 가만 있자 야! 돛을 꺼 올려라 (돛 세우는 흉내) 어머 야 야 니기미 됐다야.

니기미 씨발거 아직을 언제 먹고 점심을 안 먹어 놨더니 배가 자꾸 주는가베. 곧 기어 들어가네.

가만 있거라 보자 따르르 따르르 (돛 펴는 흉내) 야 아주 빨딱 세워라 키를 꼽아라. 키를 꼽아야 배가 제대로 가지. 키 안 꼽으면 자꾸 제자라서 돌아서 되는가.

야 니기미 잘 간다. 배 잘 나가는 구나 야! 잘 간다.

(키를 누르고 앉아서 엉덩이를 들먹이며 앞을 바라본다)

새한 들물이다. 하늘이 컴컴해지고 심상치 않은 바람이 불더니 낙수가 쏟아진다. 이쯤 되면 고깃배를 좀 타본 관중들은 어쩔 수 없이 긴장할 것이다. 아무래도 돛을 달고 빨리 육지로 돌아가야 할 것 같다. 이제야 보니 다른 배들은 벌써 돌아가고 있다. 우리만 늦은 것이다. 어쩔 수 없이 돛 달고 배를 돌린다. 다행히 돛을 달았다. 배가 달리기 시작하니 마음이 놓이면서 배가 고프다. 아침 먹고 아직 점심을 먹지 못한 것을 깨닫는다. 이렇게 위기를 넘기는가 싶다. 하지만 더 불길한 예고가 밥을 먹을 때 찾아온다.

뒤를 바싹 땡겨라.

야 영좌 보래이. 오늘 아침에 명태 한 마리 저기 있제. 국 끼레라 국 끼래. 씨팔 추우니 국이라도 한 그릇 먹어야 될 꺼 아니가.

야! 소주 한 되 싣고 온 거 어엣노. 마카 내 놔라. 아 사람이 먹고 살아야제. 야 지기미 씹팔 춥다야.

야! 가만 있그라 보자. 저 배 누 배고. 저기는 명태 좀 잡았네. 야 저 집 배는 갔다 푼다야.

아이구 답답해라 니기미 씨발꺼. 야 내가 올 때 뭐 안 내 주고 왔다. 머리가 팅 하노.

야, 지기미 씨발거. 이 뱃머리에 야 목수 저거 집에 따른 귀신이 있다 카디이 야 술 흘어 줄 건데 잘못했다.

이 사람들 술 한 잔 가져오게. 술 한 잔 부어저로. 내 골이 팅하다. 야 이런 지기미 씨발일이 있나.

야, 가만 있그라 보자. 각중에 딴 배는 다 들어가도 괜찮은데 이 배는 웬일로.

야! 저기 멀기야! 멀기야! 야! 어뜩 갑판에 들어가거라. 아이고 니기미 씨발꺼 소주병이 넘어져 깨졌다.

저런 니기미 씨발꺼 야! 멀기야 멀기야! 니기미 씨발꺼 잘 불었데이. 야! 니기미 씨발꺼 웬일이고 야 큰일 났데이.

가만 있그라 조자! 물 퍼라! 물 퍼라 이연들아! 야! 물 좀 푸레이 물 푸레이 물 퍼라.

(황급히 물을 퍼서 버리는 흉내를 낸다)

날은 춥고 배도 고파진다. 다른 배는 고기도 잡았는데 정작 우리 배는 허탕이다. 그래도 배고픈데 뜨거운 국이라도 끓여야겠다. 소주 한 잔에 국을 먹으려는데 문득 깜박 잊고 뱃머리 목신에게 술 한 잔 부어 주지 않은 것이 마음에 걸린다. 목신이 탈 났을까 걱정이 된다. 술병을 받아 술 한 잔 부으려고 하는데 무슨 일인지 소주병이 넘어져 깨지고 만다. 신에게 바치려던 술병이 깨졌으니 불길하기 짝이 없다. 갑자기 배 밑으로 물이 차오른다. 황급히 물을 푸지만 계속 물이 차오른다.

아이구 바람이 부는구나! 야 쏘아.

배가 휘덕 디베진데이. 니기미 씨발꺼 이런 일이 있나 큰일 났다야.

아이구 와다리여! 와다리여! 어이 자빠진데이 큰일 났다.

돛 지워라! 돛 지워라! 니기미 돛 지울 여가도 없다.

아이구! 니기미 씨발꺼 아이구! 내 죽는데이.

아이구 하나님요 아이고 사람 살리소. 아이고 니기미 씨팔 비가 꺼다리같이 온데이. (얼굴에 빗물을 급히 손으로 닦는다)

아이구 사람 살리소 사람 살리소.

야! 가만 있거라. 저기 배 한 척이 간다. 야 저 배 좀 청해 보자. 사람 좀 살려줄똥 아이고 니기미 씨발놈 사람 좀 살려레이.

야! 여! 여! (저고리를 빗어 손으로 휘두른다)

사람 살려라!

저 자식도 못 보고 간다. 아이고 답답해라 아이고 어예꼬 아이고 각중에 소낙비는 왜 이리 짜들어 오노.

아이고 눈을 못 뜰데이 아이고 와다리여! 와다리여!

(손으로 얼굴에 물을 연상 닦아 낸다)

아이구 하느님요 아이고 사람 살리소.

(돛대를 끄들어 안고 울부짖는다)

아이고 답답해레이. 아이고 내사 괜찮다. 내가 애가 두셋 있으니 괜찮이더마는 저연들 장개도 못 갔는데 저연들아 좀 살려 주소. 아이고 답답해라.

(비틀 비틀 쓰러진다)

물은 차오르고 바람까지 분다. 비바람 속에 돛을 지울 여력도 없이 배는 넘어간다. 쏟아지는 비 속에 사람 살리라고 소리를 질러도 아무도 듣지 못한다. 마침 배 한 척이 지나간다. 하늘에 구멍이 난 듯 소낙비는 쏟아지고 사람 살리라는 애타는 외침은 빗소리에 묻힌다. 저고리를 벗어 흔들어 보지만 지나가는 배는 이들을 보지 못하고 가버렸다. 돛대를 붙들고 하느님을 찾으면서 울부짖지만 아무 희망이 없다. 결국, 이렇게 죽을 수밖에 없구나. 모든 것을 포기한 채 죽음을 앞둔 나이 든 어부의 마지막 말이 가슴을 후빈다. "아이구 답답해레이. 아이구 내사 괜찮다. 내사 애가 두셋 있으니 괜찮이더마는 저연들 장개도 못 갔는데 저연들아 좀 살려 주소. 아이고 답답해라." 삶의 희노애락을 경험한 자신은 죽어도 젊은 청춘은 인생을 살아봐야 하는데 그것이 안타깝다. 아무리 사는

것이 힘들어도 장가가고 자식을 낳아 이 세상에 자신의
흔적을 남겨야 한다. 그렇게 생을 이어 가야 하는 것인데
허망한 죽음을 당하니 그 한이 얼마나 클 것인가.

(다시 일어나서) 여보소 이 귀신 모르제. 참 만경 수리창파에 떨어
지니 남기 있어 남글 잡나 돌이 있어 돌을 붙잡나.

이 불쌍코 처령한 귀신이다. 물국 수살말로 간 귀신. 참 옛날에는
발동선도 흔찮고 이럴 때 저 함경도 명태바리다 이래가 죽은 귀
신도 있고 또 경오년 가릿적에 죽은 귀신도 있고 이 아침 이 앞바
다에 이까바리다 죽은 귀신도 있고 물국 수살에 간 귀신은 구신
이 억초창생 같다.

이 귀신을 착실히 줘야 제장 동네는 타전에 가서 이까 낚으러 가
거나 아니면 딴 작업을 하러 가더라고 그때 물국 수살이 앞에 침
노 못하도록 재수 성왕을 많이 달라고 먼저 불러 준다.

나난… 나난….

(다시 춤추며 짬방을 퍼 가지고 나간다)

동해안 별신굿은 어촌에서 하는 굿이다. 오로지 바다
에 의지하여 바다가 내주는 것을 먹고 사는 곳이다. 그런
데 바다는 만만치 않다. 바다의 풍요는 생명을 담보로 제
공되는 것이다. 그동안 바다에서 목숨을 잃은 어부가 오

죽 많을까. 명태를 잡다가 죽기도 하고 오징어바리를 갔다가 죽기도 한다. 그렇게 죽은 넋이 억조창생이다. 지금은 기계선이 있어 형편이 나아졌다고 하지만 여전히 바다는 위험하다. 수많은 그 죽음을 기억하려는 어부거리는 곧 굿을 보고 있는 사람들의 삶이기도 한 것이다.

양중은 어부의 일상을 재현하지만 있는 그대로 표현하는 것은 아니다. 드라마의 문법에 맞춰서 보여 주고 있다. 시간의 제약 때문에 드라마는 핵심 갈등이 일어나기 직전에 시작되는 법이다. 그래서 어부거리도 고기 잡는 일상의 장면은 생략하고 배가 뒤집어지기 직전부터 시작한다. 첫 장면은 평화로운 뱃노래이다. 파도는 잔잔하고 머지않아 천량만량 고기떼를 만날 희망으로 노 젓는 어부는 기대감에 차 있다. 그런데 이런 평화로움 내지 고요함은 곧 벌어질 엄청난 사건의 공포와 대비되면서 비극적 감정의 효과를 극대화한다. 위험한 바다는 지켜야 할 금기도 많다. 날씨는 갑자기 나빠지고, 금기를 어긴 어부의 정서적 불안이 점점 강도를 더해 가면서 세밀하게 묘사된다. 마침내 배가 뒤집어지고 죽음이 코앞에 다가왔을 때 자신의 목숨보다 젊은 총각의 죽음을 더욱 안타까워하는 어부의 모습은 인간의 존엄성을 일깨워 주는 장면이다.

머구리거리

　동해안지역에서는 잠수부를 머구리라고 부른다. 머구리는 개구리의 고어이다. 잠수부가 바닷속에 들어가는 모습이 개구리와 비슷하여 머구리라고 부른다는 이야기와, 일본어로 잠수부를 모구리라고 하는 데서 유래했다고도 한다. 머구리는 장비를 갖추고 깊은 바닷속에 들어가 해산물을 채취하는데 공기주입 문제와 수압 때문에 매우 위험한 작업이다.

　차거득 차거득 차거들….
　(무(巫) 다시 이마에 수건만 두르고 배에 올라 펌프질하는 흉내를 한다)
　야! 오늘 수심이 꽤 깊으데이. 야 이 사람 저녁에 몇 발 들어갔노.
　열 서너 발 되는가. 이 니기미 깊으라.

　머구리는 바닷속에 들어가 해산물을 채취하는 잠수부와 배 위에서 공기압축기로 공기를 주입하면서 지원해 주는 사람 둘이 공동으로 작업한다. 먼저 수심이 깊다는 이야기로 시작한다. 심상치 않은 조짐이다. 예상과 다른 현장은 쉽사리 사고로 이어지기 때문이다. 그러고는 요즘 바다에서 먹고 사는 일이 녹록치 않음을 전한다.

아 오늘 여기가 그 전에 이 구덩이가 해삼구멍인데 오늘 시원찮은
가베. 오늘 몇 초롱 되나? 니기미 씨발 오늘 새로 세 시가 되도록
겨우 한 초롱 반쯤 되는가베. 한씨구미 오늘 제우 되겠다.

오늘따라 수확이 시원치가 않다. 원래 해삼구멍이라는
이름이 붙여질 만큼 수확이 많던 곳인데 한 초롱남짓 건
졌을 뿐이다. 더 많은 수확을 위해 무리하지 않을 수 없
음을 예고하는 상황이기도 하다.

아 이러나저러나 올해 미역도 시원찮고, 이연들 머구리배 느릴라
카니 내년에 한지기 머 타 돌라고 사정하사 늘릴 수도 없고, 아는
안면에 우째 사람이 금방 마 똥덩어이 떼듯이 뗄 수도 없고, 안
뛸라카이 벌이도 안 되고 지기미 씨바거 집구석도 곤란하제. 니기
미 씨발꺼 쌍 문자로 빼도 박도 못할세. 아 어예믄 좋은노.
야 이 사람아 그러지 말라. 그저 한 물에 씨그먼 콩도 나고 팥도
나네. 내년엔 미역도 잘 돋는단다. 씨발 한짐에 우리 속아 보자.
야 그러커들랑 세경 좀 달라캐라 세경. 니기미 씨발거 세경은 좀
안 주고 자꾸 부려 먹을라카이 나는 공밥 먹고 사나.
야 가만 있그라. 오늘 우리 내려가 소주 한 되만 받아 놓고 우리
전주 알제, 야 우리 전주 소주 한 되 주면 좋아한다. 한 잔 받아 주
고 우리 살살 꼬자. 꼬아 세경 좀 얻도록 하자. 지사 빚내 주든동,

야 이연들어 기대가 크다.

야 오늘 잔업이나 잘해 가지고 들어가자.

어민들의 일상은 고되다. 믿을 수 없는 바다에 목을 매는 신세이니 안정된 직업은 아니지만, 최근에는 갈수록 어업자원이 고갈되어 수확이 영 전만 못하다. 해삼구멍에서도 해삼 구경하기 어려우니 어쩔 도리가 없는 일이다. 다른 머구리배를 더 타고 싶어도 전주와 하루이틀 아는 처지가 아닌데 차마 그럴 수가 없다. 그렇지만 벌이가 워낙 시원찮으니 집안 살림은 엉망이다. 먹고 살길이 아득하여 난감한데 형편이 나을 것 없는 친구는 그래도 다시 한번 더 속아 보자면서 기운을 돋운다. 한번 더 속아 보자 하지만 세경조차 주지 않는 전주가 야속한 건 어쩔 수 없다. 그렇다고 전주와 싸울 생각은 아니다. 전주 역시 돈을 쌓아 놓고 안 주는 것이 아님을 알기 때문이다. 친구 말대로 술이나 한 잔 받아 주면서 사정을 하면 혹시 마음 약한 전주가 어디서 돈을 빌려서라도 좀 주지 않을까 희망을 걸어 보면서 장비를 점검한다.

둘의 대화에서는 배를 가지고 있는 흔히 자본주의적이고 못된 전주와 그 밑에서 일하는 노동자의 갈등이 보이지 않는다. 그보다는 모두 어려운 형편에 허덕이면서도 서로 인간적인 관계를 유지하려는 안간힘이 보일 뿐이다. 배를 가지고 있는 사람과 그 배에서 일하는 사람의 구분은 있으나 대립적인 관계에 있는 것은 아니다. 여전히 이들은 한 마을 사람들이고 바다에 목숨을 걸고 있는 어민들일 뿐이다.

오늘 나올 때 호수 손 다 봐 가지고 나왔지럴?

호수 손보다마다 이 사람아 그거사 말할 꺼 있나.

아 그래 이 우째 오늘 야 에어탱크가 자이 찍찍하다. 씨발거 우째 말 잘 안 듣노.

가만 있그라 낫드도 손질 다 해 봤다. 이 지기미 씨발거 낫드가 저절로 뱅뱅 도노. 니기미 이게 낫드 손질한 거가 이 개새끼야.

이런 씨발 자식 이거 눈홀치기가 지랄하고 수영 안 준다고 지랄하고 아무따나 할라카고 지랄하네.

씨발놈아 머구리 목심이 위태롭다 말이다. 씨발 자식아 지랄하고 물 위에서 댕기는 건 아무 것도 아니다. 물 밑에 잘못 기댕기다가 호수 한번 잘못 꺼떡 해 봐라 씨발놈아 생사람 가는 거 아지럴. 씨발놈 똥자발을 다 차벌리라 씨발 자식 말로 해라 새끼야.

야! 가만 있구라 뭐 새하노. 이거 뭐 샌다, 야 야 시끄럽다.

보자. 쉬쉬.

아이구야 에어통 구멍 났데이. 아이구 지기미 씨발. 야! 호수 떨어졌데이. 아이고 답답해라 머구리 꺼내라 어이구 큰일 낫데이.

(급박한 어조로 외친다)

바다는 위험하다. 하지만 배 위에서 기계를 통해 물속 작업자에게 공기를 보내 주는 머구리 작업에는 훨씬 더 위험한 존재가 있다. 바로 사람이다. 구체적으로는 사람의 방심이다. 일부러 일을 잘못하는 사람은 없다. 그러나 매일 반복되는 일상의 위험은 자칫 방심을 부른다. 이 잠깐의 방심이 동료를 죽음의 길로 보낼 수 있는 것이다.

사람은 참 약한 존재이다. 보통 때는 서로 배려하면서 살지만, 사람이 죽느냐 사느냐 하는 위험한 상황이 닥치니 어떻게든 먼저 자기변명부터 한다. 자신의 잘못을 인정하고 사태를 해결하려는 것이 아니라 상대방의 잘못을 먼저 거론하면서 묵은 감정을 내보이는 것이다. 이렇게 서로 상대방을 비방하면서 감추고 있던 갈등이 폭발하기도 한다. 이런 와중에 바닷속 머구리는 죽음이라는 심각한 상황에 직면하는 것이다.

세상이 공평하다고 해도 절대 공평하지 않은 것이 있다. 땅 위에서 일하는 사람과 물속에서 일하는 사람의 삶이 그것이다. 일단 머구리가 산소통 메고 작살을 들고 물속으로 풍덩 뛰어 들어가면 그의 목숨은 온전히 배 위에서 호스를 잡고 있는 사람에게 달려 있다. 물론 눈앞에 보이는 전복 욕심 때문에 예정보다 더 긴 시간 물속에 있다가 급히 올라오는 과정에서 몸을 상하는 머구리들이 적지 않다. 하지만 배 위 사람들의 방심으로 머구리가 목숨을 잃는다면 그 원한은 훨씬 더 클 수밖에 없다. 이런 정황을 잘 알고 있는 뱃사람은 어떻게든 머구리를 살려보려고 한다. 하지만 가장 중요한 순간, 그는 에어통에 구멍이 난 것을 발견한다. 이젠 도리가 없다. 머구리를 끌어올려야 한다. 오래 숨을 못 쉰 머구리는 설령 죽지 않았다고 해도 살았으나 산목숨이 아닌 경우가 많다. 얼굴색은 검게 변하고 몸을 움직이지 못하는 소위 잠수병에 걸리는 것이다. 잠수병은 급하게 물속에서 수면 위로 올라올 때 기압의 차이로 몸속에 질소가 제대로 용해되지 못하여 생기는 병이다. 심하면 척수장애로 팔다리에 힘이 빠져 장애인이 된다.

야 씨발놈 뭐 하노. 빨리 땡겨라. 이 자식이 씨발 땡겨라 씨발 땡겨라 니 거 좀 안거라.

(급히 펌프 젓는 모양. 노인 한 사람 데려다 앉힌다)

야 안 된데이. 아이고 니기미 머구리 낯짝이 왜 이리 새까맣노. 가마 있그라. 야! 물에 담가라 물에 담가. 야! 몸 좀 푸자. 몸 좀 펴야

된다. 탁착 탁착. (펌프 트는 흉내)

야 니기미 몸 아니라 좆을 풀어도 안 된다. 야 가만 있그라 보자.
이러지 말고 온정 데리고 가야 한다. 온정 머구리는 온정 데리고
가야 몸이 잘 풀린다는데 온정 갈래. (앉은 노인에게 묻는다)

드디어 머구리를 배 위로 끌어 올렸다. 그런데 이렇게
깊은 바다에서 목숨을 잃는 머구리도 많지만 더 흔한 것
은 잠수병에 걸린 사람들이다. 어촌에서는 잠수병에 걸
려 팔다리를 제대로 쓰지 못하는 노인들을 쉽게 볼 수 있
는데 대부분 머구리 출신이다. 해녀들도 잠수병에 걸리
지만 산소통에 의지하여 훨씬 더 깊이 잠수하는 머구리
들의 증상이 심하다. 해녀들은 늘 머리가 아파 진통제를
달고 산다. 가장 많이 먹는 약은 뇌산이라는 것인데 아마
도 뇌신의 짝퉁이 아닌가 싶다. 분유통에 가득 담긴 가루
약을 숟가락으로 퍼먹는 해녀들이 적지 않다.

이런 머구리가 물밑에 들어가더니 야 열합한테 이빨을 다 빼먹혔
다야. (노인 얼굴을 들여다보며) 야! 아 해 봐라. 야 잇발 다 빼 먹혔
데이. 야 고놈 참 열합 이빨을 꼭 집어 다 빼 먹었다.

야 이 머구리라 카는 거는 참 위험한 작업이다. 참 쥔애끼가 호수
한번 까딱 잘못해도 이건 당장 물밑에서 위험한 변을 당한다.

머구리 시빌이는 참 위험한 건데 이 작업도 위험하다. 육땅에서 버는 돈은 누워 팥떡 먹기데이. 물밑에 기댕기는 것은 이승반 저승반이다.

그러니까 어야든동 이 동네 머구리가 나가더라도 아무 실패 없이 미역 때 미역 잘하고 해삼 때 해삼 잘하고 자보 때 자보바리 잘하고 이리 마카 축원을 잘해 주자.

나난 나난 나난다….

(다시 춤추며 짬방 퍼 가지고 나간다)

여기서 재미난 부분은 굿 구경하던 할아버지를 끌어들이는 현장성이다. 이가 하나도 없는 호호 할아버지가 극 중 바닷속에서 급히 끌어 올려진 머구리 역할로 강제 등장한다. 마침 노인은 얼굴빛이 검어 죽어 가는 머구리와 비슷한 점이 있지만 이가 없는 것이 현실감을 떨어뜨린다. 이 빠진 늙은 머구리는 사실 보기 어렵기 때문이다. 무당은 열합(홍합)이 잇빨을 몽땅 빼먹었다고 둘러댄다. 하지만 홍합이 살아 있는 머구리의 이를 빼먹기는 어려웠을 터. 이미 바다에 버려져 홍합의 밥이 된 머구리의 참혹한 시신이 눈앞에 떠오른다. '이승반 저승반' 목숨을 걸고 '물밑에 기댕기는' 머구리의 숙명이기 때문이다.

해녀거리

(짚으로 만든 물안경을 쓰고 휘파람을 불며 거꾸로 서듯이 하여 잠수질
흉내를 한참 낸다)

야 이거 모르제 해녀다. 그래 잠수인데 왠고 하이 옛날에는 이 육
당 사람들은 잠수할 줄 몰랐다. 저 제주도 아니면 할 줄 몰랐는데
지금은 모두 그 뽄을 받아가지고 잠수도 전부 이 육당 사람들도
다 잘 한다. 다 잘 하는데 어여든동 물밑에 가 잠수하더라고. 첫
째 욕은 어디서 보느냐 다리에 쥐가 내린다. 쥐가 내리면 다리 운
동을 못하면 그 자리에서 욕을 보는 수가 많다. 어떤 때는 호흡조
절을 잘 못해도 욕을 보는 수가 많거든. 이것만큼 액 막음을 해가
자. 나난 나난 나난다 (무(巫) 다시 쌈밥을 퍼 들고 나간다)

　동해안에는 지금도 제주도 출신 해녀들이 있다. 제주
도 해녀들은 전국의 바다로 물질을 나갔는데 타지에서
결혼하여 정착하는 경우가 제법 있었기 때문이다. 강원
도 해녀들은 대부분 제주 해녀들에게 물질을 배웠다.
　해녀들에게 바닷속은 논밭이나 다름없다. 망망대해라
고 하지만 집 앞의 텃밭도 있고 제법 걸어가야 하는 다랑
논도 있듯이 바닷속도 마찬가지이다. 어디에 미역바위가
있고 어디에 전복이 숨어 있는지 짐작이 훤한 것이다. 하

지만 도무지 알 수 없는 것은 변화무쌍한 바다 환경이다. 갑자기 차가워진 물에 쥐가 나기도 하고 바람에 밀려온 동물의 사체나 시신에 식겁할 때도 있다. 어쩌면 더 위험한 것은 사람의 욕심이다. 해녀가 숨을 참는 시간은 길어야 1분, 대개는 30초 내외에 잠수하여 물건을 탐색하고 건져 올려야 한다. 뒤늦게 발견한 통통한 전복이 그의 숨통을 막을 가능성은 언제나 있는 것이다. 목숨을 걸고 물질하다가 허망하게 세월을 버린 해녀들의 넋을 위로해 준다.

미역 따기

(막대기로 미역 건지는 흉내를 내면서)

아이구 시누부야 미역 보레이. 아이고 이거 땡겨라.

시누야 받아라 아이고 올케야 이거 쥐라.

아이구 이쪽 구딩이 여기도 많이 있구나.

아이구 시누부아 요거 뺏겨라.

아이구 동세야 이거 좀 보레이. 아이고 놓쳤데이 저기 갔데야.

야! 이거 모르제. 웬고하이 요구석 조구석 반해서 쫓아다니다가 파도가 쳐도 파도 치는 줄 모르고 어디뜬동 미역 포기만 보고 달라든다.

이레 달라들다 보면는 파도가 위로 넘겨 치는 수가 있다. 물결같이 시는 게 없다. 옛날에는 그래도 많이 딸려 내려갔다.

원래 바닷일은 남자들의 몫이다. 서양에서는 바다의 신이 넵튠이나 포세이돈 같은 남성으로 설정되어 있다. 반면 우리나라 무속신앙에서는 바다와 관련된 신들이 모두 여성이다. 바다의 수호신은 용궁애기씨이고 해사를 관장하는 어촌마을의 당신도 대부분 여신이다. 배의 수호신 배성주는 처녀신으로 기관실에 화장품과 빗, 거울 등을 놓고 모신다. 배성주는 특히 여성을 싫어하는데 바다가 위험한 만큼 금기가 엄격했다.

이런 신앙 때문에 전통적으로 여자들은 어선을 타지 않았다. 하지만 살기 척박한 어촌에서 일꾼에 남녀가 따로 있을 수 없다. 가난할수록 여자들의 노동 강도가 높은 현상은 전 세계가 동일하다는 것이 내 경험이다. 농촌이든 어촌이든 밭일은 온전히 여자의 몫이었다. 집안일과 육아 역시 여자의 몫이다. 그리고 어촌의 여자들은 배를 타지 않는 대신 해산물을 채취했다. 갯가를 다니면서 바위에 붙은 미역이나 김을 따는 것이 주된 일이다. 이 또한 매우 위험해서 부녀자들이 바위에서 미역이나 김을 따다가 변을 당하는 수가 적지 않았다.

시누올케와 동서들이 함께 미역을 따고 있다. 시누이가 올케들과 함께 있는 것으로 미루어 볼 때 아마도 혼인 전일 가능성이 크다. 한 집안의 여인들이 모두 나온 것이고 출가 전의 시누이가 함께라면 젊은 여인들일 게다. 나무로 남근을 깎아 바치는 것으로 유명한 삼척의 해신당은 바다에서 어물을 채취하다가 죽은 여인을 모신 당이다. 이들의 참혹한 죽음이 켜켜이 쌓여 해신당의 주인공을 만든 것이다.

병정놀이

(운동모자 빌려 쓰고 총 대신 작대기를 들고 스스로 구령에 맞춰 여러 동작을 한다)
에 차렷! 움직이지 마! 웃지 마! 웃지 마라카이!
차렷! 열중 쉬어! 차렷! 세워 총!

군대의 여러 모습을 보여 주는 병정놀이이다. 제식훈련을 보여 주는데 관중을 끌어들여 훈련을 시키기도 한다. 관중들이 웃으니 웃지 말라고 야단을 치면서 조교의 권위를 강조한다. 병정놀이의 재미는 각도 사투리로 제식훈련을 하는 것이다.

우로 어깨총 하랑깽! 앞으로 가랑깽! 뒤돌아 가랑깽!

차려 하이소! 앞으로 가이소! 예 뒤돌아 가이소!

앞으로 가시유! 뒤돌아 가시유!

앞으로 가니꺼! 뒤로 가니꺼!

이렇게 각도 사투리로 웃긴 다음에는 전쟁 장면을 묘사한다.

열중 쉬엇! 제군들은 그래도 들어. 내일 아침 다섯 시 정각에 저 바라보는 모택동 고지를 탈환한다. 알았어!

제일 소대! 예! 제이 소대! 예! 제삼 소대! 예!

일 분 전 다섯 시.

제일 소대! 준비 완료! 제이 소대! 준비 완료! 제삼 소대! 준비 완료!

화기 소대! 준비 완료!

(중략)

(뛰어가서 엎드려 총 쏘는 흉내를 낸다)

따따따따 땅콩땅콩… 부룩부룩 부루룩 부루룩 따르르 따다다다 콩!

아이구 내 아이고 내 눙깔아 빠졌다.

야 이거 모르제. 참 불쌍하다. 이 귀신들도 용사 죽은 전사한 군인들이다.

실감나게 전쟁 장면을 연출해 낸 뒤에 병사의 죽음까지를 그려 낸다. 혼자서 전쟁 장면을 만들어 내는 과정이 매우 분주하지만 그래도 관중들은 집중한다. 지구상 유일한 분단국가인 우리의 현실이 만들어 낸 놀이이다.

해산거리

해산거리는 아기를 낳는 과정을 상당히 구체적으로 묘사하고 있다. 치마저고리를 입고 간단하게 여장을 했지만, 남자가 아기 낳는 과정을 놀이한다는 것 자체가 관중들의 흥미를 끈다. 가장 관중들이 적극적으로 개입하는 놀이이기도 하다.

(巫 치마저고리에 수건을 쓰고 짚단에 플라스틱 바가지를 씌어 양다리 사이에 끼고 치마로 덮어 배를 불룩하게 한다. 그리고 배를 움켜쥐고 신음을 하면서 등장)

아이구 배여 아이구 시끄러워라 아이구 배야 아이구 배야 아이구 배야 아이구 배야!

(얼굴은 아픔을 참느라고 모질게 찡그리고 있다)

아이유 아야 아 어이구 배야 어이고 배야 어이구 배야 아이구 배야 어이구어이구 배야!

아이야야야… 윗지 마라 윗지 마 답답다 아이고 야야야!

관중: 배가 너무 튀어 나왔다.

무: 남이사 튀어난온등 마던둥 지랄하고 별 걱정 다 한다. 지는 이
   만치 안 튀어 나왔든가베. 내 아래 보니 지사 이보다 더 튀 나
   왔데이. 아 야야야아 어유 배야!

   (이를 악문다)

관중: 이 갈믄 무씨지.

무: 뭐라고 이 갈면 무씬다마타. 어머이 많이 적거 봤네. 아이 아
   야야 어이구 고함 지르면 참짓는 줄 알고 더 비릿는다 카제.
   아이고 솔 탄데이 어머 이 세상 이 물 좀 나 좀 도가. 어머이
   내 식성 알고 물 떠다 주네. 아 어머이 날 돌라켓다. 어머이이
   고맙데이 어머이. 아들 낳제 물 먹을 정이 없음 아를 어이 놓
   노. 아야 아야 응응 아야 아이고 눙깔이 다 디버진데이 아유.
   아이고 가만 있거라 보자. 아 되게 둘들 때는 호롱불도 잘 안
   뵌다. (중간 생략)
   아야 아야야 으응 아이 응치야 아이고 응치.
   야 가만 있거라 보자. 첫 아들 놓은 사람 배 만지면 숩게 낳고
   배 시원해진다 카지. 첫 아들 누가 낳노 나 좀 만져 주가. 누가
   아들 낳노. 요 마카 딸만 낳나 좀 만져 추가. (관중에게 가서 만
   져 달라 한다)
   아이구 아야야 아이고 돌아서니 또 아프다.

처음 양중이 진통하면서 배가 아프다고 야단을 칠 때 관중들은 거리를 두고 구경한다. 배 잡고 구르는 모습에 웃기도 하면서 남의 일을 보듯 한다. 양중이 웃는다고 야단을 치니까 이번에는 배가 너무 나왔다고 투박을 준다. 여전히 진통하는 아픔에 공감을 못 하는 모양새이다. 하지만 아이를 낳는 과정을 구체적으로 묘사하는 동안 관중들은 조금씩 극현실에 참여하기 시작한다. 이를 갈면 못 쓴다면서 걱정도 하고 물을 떠다 주기도 한다. 순산하기를 바라면서 배를 만져 주기도 한다. 점차 동네 사람들이 힘을 합해 아이를 낳는 것 같은 몰입이 보이는 것이다.

아이고 아야 아이구 몸써리 나네. 아이고 내가 왜 곁에 갔든고 아야 야아!

이 누구 안동 모르제. 아이고 총대 아데이. 아이고 아야 아이고 총대야. 여기 오나라 보자. 아이고 저년의 우아기도 마카 걷어 쳐버려라 보기도 싫다. 아이구 야아야 아이고 저 양말쪼가리 저것도 치와라 보기 싫다. 아이고 아야야 아이구 지랄하고 내가 언제 만들었는동 모르제. 어머이 올 봄에 서숙(조 또는 수수를 말함)밭 골에야 날 끄집고 들어가더니, 나는 평해장에 올라가고 지는 내려오다가 어마 다리도 덜 논 데 다리 밑에 끄집고 들어가드니 어이고 물 바닥에 날 눕혀 놓고 한번 딱 찡궈 버린 게 이렇게 됐다.

에이 순 못된 것 야바리까지거로 그래도 안 와 보제. 아이고 아야 아야 아아야야!

갑자기 아이 아버지의 존재가 폭로된다. 바로 마을의 총대가 이 모든 사단을 만든 범인이라는 것이다. 상황을 보면 여자는 힘 있는 남자에게 굴복하여 일방적으로 임신한 것을 짐작할 수 있다. 이번에는 총대이지만 다른 본에서는 이장이나 어촌계장이 아이 아버지라고 우긴다. 이장이든 어촌계장이든 총대이든, 중요한 점은 마을의 책임자가 아이의 아버지라고 우긴다는 것이다. 해산모는 아이 아버지를 신랑이라고 부르기도 하지만 그렇다고 본처는 아닌 듯하다. 박경신 교수가 채록한 본에는 본마누라가 등장해서 해산모의 곤란한 처지를 적나라하게 드러내기도 한다. 즉 해산모는 비정상적인 남녀관계 속에서 아이를 출산한 것이다.

사실상 전국적으로 분포되어 있는 해산놀이에서는 아이의 아버지가 누구인지 모르는 것이 하나의 전승이기도 하다. 비슷한 예로 농경신을 놀리는 제주도 세경놀이가 있다.[10] 세경놀이에서는 해산모로 분한 소미(小巫)가 사

10 현용준, 『제주도무속자료사전』, 380-397쪽, 신구문화사, 1980.

내아이를 낳는다. 치마폭에서 병을 하나 떨구면 해산을 한 것이다. 세경놀이는 이렇게 태어난 팽돌이가 아버지를 찾는 것으로 이어진다. 소미가 '니 아방촞으라' '니 웨숨촌 촞아가라' 하면서 병을 팽팽 돌린다. 한참을 돌던 병의 주둥이가 향한 곳에 앉은 사람을 차례대로 아버지, 외삼촌이라고 하면서 미역값, 포대기값, 기저귀값 등 아이 키울 비용을 받아 내는 식으로 놀이가 진행된다. 할아버지, 할머니, 삼촌, 고모, 이모 등등 굿판에 앉아 있는 모든 사람들이 아이의 가족이 되어 관계를 맺은 후에 놀이를 계속한다. 굿판에서 형성된 가족이 다 함께 아이를 키우는 것이다.

거리굿에서는 아이를 낳는 과정이 실감나게 묘사되고 있다. 관중들도 함께 아이를 순산할 수 있도록 돕는다. 즉 무당이 혼자 아이를 낳는 것이 아니라 마치 마을 주민 전체의 응원으로 아기가 태어나는 것 같다.[11]

둥둥 내 사랑아 둥둥둥 내 사랑

노리노리 노리 꾀꼬리 당참외 큰 칼을 꽂아 너를 줄까

---

11 허용호, 「해산거리의 여성축제적 성격」, 『구비문학연구』 제9집, 231-257쪽, 한국구비문학회, 1999. 허용호는 이 과정이 축제처럼 진행된다면서 흥미를 보였다.

정실배 유자승아 유두 복상을 너를 줄까 둥둥 둥둥 내 사랑아

아이고 큰일 났데이. 아가 왜 낯이 시퍼래지노. 낯짝이 새까매지노. 아이고 답답애라이. 이거 왜 이러노. 각쟁에 의사가 있어야 의사를 뵈나.

관중 여인: 코부터 빨아.

(중략)

아이고 코 빨다 안되믄 우야꼬. (우는 시늉을 한다) 아 한번 빨아 보자. (애를 들고 빤다)

아이고 답답아라. 코 빨다가 하도 답답해 좇을 빨아도 안 된다.

아이고 답답애라 아이구 답답해라 아이구!

(애를 내려 놓고 가슴을 치며 통곡한다)

결국 바라던 아들을 낳고 사람들은 모두 기뻐한다. 다 함께 사랑가도 부르고 자식을 잘 키울 희망으로 행복하다. 그러나 즐거운 시간은 잠시뿐, 갑자기 아기의 얼굴색이 검게 변하면서 위험이 닥친다. 도와줄 의사도 없는 촌에서 달리 아기를 살릴 방도가 없다. 코를 빨아 보라는 경험 많은 여인의 말을 따라 보지만 힘들게 낳은 보람도 없이 아기는 곧 죽고 만다. 몇 마디 말로 생생히 묘사되는 과정에 관중은 몰입하고 아기가 죽어 버리자 모두 허탈함을 감출 수가 없다. 전통사회에서 순산은 큰 축복이

포항 계원 별신굿. 해산거리 "아이고 답답아라 코 빨다가 좆을 빨아도 안 된다".
©윤동환

었다. 해산은 늘 위험이 따랐고 어린아이와 산모의 죽음
은 언제라도 닥칠 수 있는 익숙한 불행이다. 가슴 아프지
만 받아들일 수밖에 없는 현실이었다.

야 이거 안 될따.

사자(사자)는 불가부생(불가복생)이라 인제 이래 없어진 놈을 아이

고 지고 해 봤던들 소용이 없다. 그너리 이거는 갖다 매장꾼 하나

사고 이래 가지고 저 갖다 매장시켜 부려야 되제. (총대를 불러 짚

단을 주며 불 사르라 한다)

(巫는 엉엉 울며 통곡하는 시늉을 한다)

이왕 가는 김에 하나 더 맹길어 놓고 가거라.

(巫 총대의 다리를 잡고 늘어진다)

문제는 이 현실을 어떻게 극복하고 살아갈 것인가 그 방법에 달려 있다. 짙은 아픔을 삼키면서 생사의 허무함이라는 보편적 질서를 받아들인다. 그렇지만 거기에서 그치지 않는다. 민중의 선택은 훨씬 더 적극적이다. 다시 한번 생명을 잉태하는 것이다. 죽음으로 인한 상실은 새로운 생명으로 치유될 수밖에 없다. 극 속에서 무당은 아이 낳는 과정의 고통을 실감나게 표현했고 관중들은 이에 적극적으로 공감했다. 비록 웃음으로 일관한 공감이었지만 해산의 고통과 숭고함을 잘 알고 있는 관중들은 함께 낳은 아이의 죽음이 기가 막힐 것이다. 하지만 여기에 머물 수 없다. 죽음은 죽음의 세계로 보내고 슬픔은 가슴에 묻고 다시 새로운 생명을 잉태하는 것이 민중들이 살아온 삶의 방식이다.

극의 측면에서 해석해 보는 것도 재미있다. 남자의 권력에 굴복하여 원치 않은 임신을 했던 여자는 결국 해산하자마자 아이가 죽음으로써 공동체 안에서의 입지가 어려워졌다. 그러나 절망적인 상황에서 여자는 다시 한번 반전을 일으킨다. 아이가 죽었으니 하나 더 만들고 가라면서 상대 남자를 잡고 매달리는 것이다. 이를 본 관중들은 다 함께 웃고 웃음을 통해 여자는 위기를 벗어난다.

4. 순천 씻김굿 삼설양굿

삼설양굿은 병굿이나 규모가 큰 씻김굿의 제차로 한다. 무녀가 여러 종류의 잡귀로 분장하고 나와 악사와 재담을 주고받는 굿이다. 삼설양굿에서는 도시, 한량, 총각, 처녀, 총 맞고 죽은 자, 소동패, 벙어리, 임산부, 봉사, 도깨비 등이 차례로 등장하여 사연을 털어 놓고 위로를 받거나 병을 고친 후 퇴장한다.[12] 등장하는 인물은 다른 지역의 잡귀와 큰 차이가 없지만 한량, 소동패, 도채비는 삼설양굿에서만 유일하게 보인다. 순천 삼설양굿은 전라남도 무형문화재 제43호이다. 삼설양굿을 할 때는 굿청 밖(대문간)을 향해 굿상을 놓고 악사들은 안쪽에 앉는다.

도시
제일 먼저 등장하는 도시는 그 성격이 확실하지 않다. 도시는 종이꽃으로 감싼 신대와 바가지를 들고 등장하며 자신을 소개한다.

---

12 이경엽, 『씻김굿무가』, 88-101쪽, 박이정, 2000.

무녀: 에라 중천 에라 도시야 내라도 많이 먹고 내돌아가세. 왔네
　　 왔네 내가 와 어느 혼신이 아니오며 어느나 귀신이 아니올
　　 까. 천하궁 혼신도 내가 오고 지하궁 혼신도 내가 오고 도
　　 륙에 도신도 내가 오고 물 아래 도신도 내가 오고 천하궁
　　 도신이 내가 오고 만고영신에 혼신네 내라고 많이 먹고 내
　　 돌아가세. 에라 중천 에라 도신이야 내라고 많이 먹고 내 돌
　　 아가네.

　노래의 내용으로 짐작되기는 굿소리가 나면 반드시 찾
아와 고픈 배를 불리고 돌아가는 잡귀인 것 같다. 도시는
동서남북 하늘과 물, 산을 가리지 않고 어디에나 있는 존
재로 '동천마당에서 매구친다고 동구당당 야단이길래 저
그 산몰랑에서 어떤 사람이 고리짝 뜨든 소리를 해싸'는
것을 듣고 찾아온 것이다.
　"아 도시가 왔다가 뭐 좀 나 좀 묵고 갈 것 있을까?"
도시가 굿에 찾아와 제일 먼저 원하는 것은 음식이다. 하
지만 '배야지가 짜구가 나게, 배꼽이 톡 터지도록' 양껏
먹고 싶었다던 도시는 막상 음식을 주자 국 한번 마시고
는 바가지에 밥을 담기 시작한다. 온 집안에 있는 도신들
이 서로 먹으려고 입을 벌리고 있어서 혼자 먹을 수가 없
었기 때문이다. 뒤안에 수수만 명이 서서 밥도 못 먹게

해서 다 뺏기고 왔다는 것이다. 도시는 '술을 먹어도 말 술을 먹어야 하고 고기를 먹어도 한 몇 돈은 먹어야 되겠고 담배를 피우더라도 몇 발 담배를 피워야 한다면서' 밥, 나물, 전 들을 게걸스럽게 먹는다. 이렇게 모든 도신들을 넉넉하게 먹여 보내는 것으로 마친다.

굿처럼 먹는 것을 중요하게 생각하는 의례가 있을까? 먹는다는 것은 가장 원초적인 본능이다. 살아가는 데 이보다 중요한 일은 없다. 사람이 하나의 생명으로 존재하기 위해서는 먹고 자고 배설해야 한다. 잠자는 것과 배설하는 것은 자체적으로 해결이 가능하지만 먹는 것은 다르다. 반드시 외부에서 음식이 공급되어야만 하는 것이다. 먹지 못하면 어떤 생명도 살 수 없다는 점에서 먹는 것은 가장 중요하고 본질적인 행위이다. 생각해 보면 인류의 역사를 움직여 온 동인은 바로 식량의 생산과 분배라고 할 수 있겠다. 도시는 자신만이 아니라 배고픈 모든 도신을 먹이려는 존재이다. 삼설양굿은 먹는 문제가 가장 중요하다는 삶의 현실을 직시하는 것으로 뒷전을 시작한다.

한량

(담뱃대 물고 부채질을 하면서 등장한다.)

악사1: 누구여 누구?

악사2: 암만 해도 관련부서 같어. 부채 부치고 오는 것이. 오뉴월
이 아닌디.

관중을 대변하는 악사들이 등장하는 한량을 보면서 하
는 말이다. 더워지는 오뉴월도 아닌데 부채 부치는 폼새
가 '관련부서' 같다고 한다. 권위적인 인물이 등장했음을
알 수 있다. '관련부서'의 의미는 정확하지 않지만 어딘지
자기들과는 다른 신분이라 거리감을 느낀다는 어투이다.

무녀: 당신들 내가 누군지 아요? 당신들 날 몰라. 내가 이한량 죽
은 귀신이란 말이여. 이 한량 죽은 귀신인데 아이고 순천 동
헌 마당에 굿한다고 야단이고 우구둥둥 뚜드리고 야단이길
래 이 한량이 그저 지낼 수가 없어. 나도 깽쇠도 잘 치고 장
구도 잘 치고 북도 잘 치고 징도 잘 치고 나도 피리도 한가
락씩 불고 말이야. 아 무당굿판에 가면 나도 무당굿도 한
석씩 하고.

그렇지만 정작 그의 내력을 보면 한량이라고 해도 딱히 그렇게 판에 어울리지 않는 존재는 아니다. 타고난 흥이 있는지 생전에 굿판이나 놀이판을 제법 쫓아다니던 위인이기 때문이다. 다만 양반입네 하고 다니던 한량 낯이 있으니 아무데서나 음식을 달라는 말을 못 하는 것이다. 양반은 얼어 죽어도 겻불을 쬐지 않는다는데 바람 모지게 불어 춥고 목마르고 배고픈 한량은 굿판에서도 차마 입이 안 떨어진다.

무녀: 이 한량 그래도 한량 죽은 놈이 한량 낯이라고 어디 함부로
　　　와서 주란 소리도 못하고.
악사: 거 한량이면 잘 안 자시는 분이지.
무녀(한량): 배아지가 고파갖고 목도 마르고 배도 고르고 춥고 아
　　　노늘 급살맞을 놈의 것 바람 알라 많이 실컷 불어갖고.

언제라도 누구라도 배고픈 존재를 환영해 주는 굿판에서 한량도 실컷 먹고 돌아간다. 한량과 유사한 캐릭터는 다른 지역 뒷전에서는 보이지 않는데 탈춤의 양반광대를 연상시키는 면이 있다. 다만 탈춤에서처럼 풍자의 대상은 아니다. 배고픈데 귀천이 어디 있겠는가. 모두 가엾은 영혼일 뿐이다. 어쩌면 이것이 바로 극과 굿의 차이일 것

이다. 극은 사회적 갈등을 부각시키는 것이지만 굿은 모두를 껴안아 품는 의례이기 때문이다. 그래서 연극인 탈춤에 등장하는 양반은 민중들에게 공격받는 대상이지만 굿에서는 오히려 양반이라는 신분 때문에 배가 고파도 편하게 얻어먹지 못하는 약점이 있는 존재로 등장하고 있다.

총 맞아 죽은 귀신

다음에 나오는 귀신은 총을 맞아 죽었다고 한다. 총 맞아 죽은 귀신은 대창을 들고 등장하는데 대뜸 관객들을 찌르는 흉내를 내며 돌아다닌다. 이어 악사를 향해 곧장 대창을 겨누면서 자신이 매우 위협적인 존재임을 과시한다. 칼 맞고 간 혼신, 총 맞아 간 혼신은 뒷전에서 으레 풀어 주는 한 많은 잡귀들이다. 하지만 이들이 구체적인 캐릭터를 가지고 등장하는 것은 삼설양굿이 유일하다. 그런데 이 귀신은 단순한 존재가 아니다. 지역의 아픈 역사를 증언하는 귀신이다.

> 악사: 누구여 누구. 암만 해도 귀신이 아닌가. 뭔 총을 들이미요?
> 무녀: 나가 여수(순) 반란사건 때 군대를 가가고 그냥 총을 펑 맞아가지고.

하필 여순사건이 날 즈음에 군대에 갔다가 희생당한 귀신이라는 것이다. 1948년 10월에 일어난 여순사건은 여수와 순천 지역민들에게 가장 가슴 아픈 역사이다. 제주 4.3사건 진압에 동원되자 이를 반대한 여수 순천 주둔 14연대가 반란을 일으켰다. 곧 계엄군이 투입되었고 이 과정에서 수많은 사람들이 이데올로기 정쟁에 희생당했다. 진실 화해를 위한 과거사정리 위원회가 2009년과 2010년에 발표한 자료에 따르면 무고한 민간인 희생자가 순천 일대에서 439명, 여수 일대에서 124명이라고 한다.

무녀: (중략) 피 옷을 질질 입고 댕기니 저승에서 총 맞아 죽은 귀신이라고 오도 못하게 해. 저승도 못 가고 이승도 못 가고 피 옷을 질질 입고 이리저리 돌아댕긴디.

피 흘려 간 귀신은 이승에도 저승에도 갈 수 없는 떠돌이 존재가 된다. 어느 쪽에서도 환영받지 못하는 것이다. 마치 우익도 좌익도 아니었던 당시 수많은 희생자들의 모습과도 같다. 이들은 죽었으니 이승에 남을 수 없는데 저승에서도 받아 주지를 않아 이승과 저승 사이를 떠돌고 있는 것이다. 어디에도 소속이 없는 존재들이 유일하게 갈 수 있는 곳이 바로 굿판이다. 굿판을 찾아온 귀신

은 이제 피 옷 벗고 진옷도 벗어던지고 고픈 배를 불리고
술도 얻어먹고 돌아간다.

몽달귀신과 처녀귀신

이어서 총각 죽어 몽달귀와 처녀귀신이 연달아 등장한
다. 몽달귀는 장가를 보내 주는 사람이 없어 처녀나 한번
보듬어 볼까 하고 굿판을 찾아왔다고 한다. 장가 못 가고
죽은 몽달귀는 저승에서도 받아 주지 않기에 굿판에서라
도 처녀를 만나 어떻게든 한을 풀어야 하는 것이다. 그런
데 몽달귀는 과거에 국한된 문제가 아니다. 요즘 세상에
도 마흔 넘어 쉰이 되도록 장가를 못 간 노총각이 버글버
글하기 때문이다.

무녀: 우리 순천을 나가 쪼깐 둘러본께 노총각이 쎄뿐네. 장개를
    못 가갖고. 아이고 그냥 마흔 살이 넘고 오십 살이 넘은 총
    각들이 그냥 버글버글하고 그냥 외국 장가간다고 외국가이
    네 날라리 삐깍 빼뜨락한 가시네들한테 장가를 가고 그냥
    난리가 났는데 말이여.

과거 몽달귀는 병이 들었거나 가난하여 혼인을 못하고
죽은 영혼이었다. 지금은 몽달귀가 옛날보다 더 심각한

사회문제가 되었다. 여전히 가난은 큰 걸림돌이지만 절대 빈곤이라기보다는 상대적인 빈곤이 문제이다. 농촌과 도시의 간극이 새로운 몽달귀를 대거 생산하는 중인 것이다. 결국 국내에서 신부를 구하지 못한 농촌 총각들이 외국 신부에게 장가를 들지만, 그 또한 녹록치 않은 일이다. 굿은 전통의례이지만 항상 현실의 문제를 직시하고 관심을 갖는다. 굿을 했다고 문제가 해결되는 것은 아니겠지만 적어도 문제점을 부각하고 논의의 시발점을 만들어 내는 것이 바로 현실종교인 무속의 힘이다.

이어서 등장한 처녀귀신은 총각을 만나러 굿판에 왔다. 역시 혼인을 못 한 귀신은 저승에 갈 수 없기 때문이다. 악사가 방금 나간 몽달귀를 찾아가라고 하자 처녀귀신은 차려 놓은 음식도 먹지 않고 급히 쫓아 나간다. 전통적 관념에서 볼 때 혼인을 하지 못한 남녀는 아무리 나이가 들어도 어른이 되지 못한 존재였다. 몽달귀나 처녀귀신은 결국 성숙한 인간이 아니라 완전하지 못한 아이에 불과한 것이다. 지금도 심심치 않게 볼 수 있는 영혼혼사굿은 죽은 영혼끼리라도 짝을 지어 부부를 만들려는 굿이다. 남녀가 합하여 가정을 이루고 자식을 낳아 삶을 완성해 가는 것이 중요하다고 보는 전통적 가치관을 보여 준다.

소동패

소동패가 신대손잡이로 바가지를 두드리면서 등장한다. 소동패는 놀이패에서 매구(농악) 치다가 죽은 영혼이라고 한다.

> 무녀: 순천 장돌뱅이 벌교 장돌뱅이 '재쟁재재재 재쟁쟁재재재'
> 아 이렇게 치고 댕기다가 오다가 가다가 모두 그냥 죽어갖
> 고 말이여.

순천과 벌교장을 돌아다니면서 매구를 두드리다가 죽은 소동패이다. 신명나게 놀던 것을 잊지 못해 저승에 가지 못하고 있다가 마침 굿한다는 말을 듣고 찾아왔다. 굿판을 찾아온 소동패가 제 신명에 겨워 한참을 뚜드리고 놀다가 보니 너무 배가 고파서 매구를 칠 수 없다면서 먹을 것을 달라고 한다. 원래 소동패는 마을에서 20세 미만의 청소년으로 구성된 놀이패이자 일꾼들의 모임이다. 그렇지만 장터를 돌아다닌다는 것으로 미루어 볼 때 여기에서는 떠돌이 놀이패를 지칭하는 것으로 보인다.

우리나라의 민속연희패 가운데 가장 곤궁했던 집단이 남사당 같은 떠돌이 놀이패일 것이다. 같은 광대라고 해도 일정한 지역을 기반으로 하는 창우패들은 어느 정도

안정된 생활을 할 수 있었다. 판소리나 줄타기, 농악 같은 놀이를 했던 창우는 일정한 지역을 당골판으로 가지고 있던 세습무집안 출신이다. 세습무는 당골판의 무속의례를 책임지는 대신 당골들로부터 봄이면 보리, 가을이면 나락을 받았다. 이를 도부라고 한다. 아내가 하는 굿에서 무악을 연주하는 이외에 창우들은 평소 기예를 닦아 마을 잔치나 관가의 행사에 초청받아 공연을 했다. 특별히 목이 좋아 판소리 광대로 이름이 나면 임금으로부터 동지벼슬도 받았으니 해 볼 만한 일이었다. 그렇지만 떠돌이 놀이패는 사정이 달랐다. 일정한 거처가 없이 돌아다니면서 기예를 팔아야 했기에 하루 앞을 장담할수 없는 불안한 삶이었던 것이다.

　남사당은 '가슴은 뜨겁지만 눈은 뱀처럼 차갑고 결국 논두렁 밭두렁 주검을 해야 한다'는 말이 있다. 떠돌이 예인의 삶이 그러하다. 뜨거운 가슴으로 춤추고 노래하고 연기를 하지만 마음속에서는 늘 찬 바람이 분다. 하루하루 인생의 쓸쓸함을 절감하면서 그것을 예술로 풀어내는 존재가 바로 사당패이다. 남사당에는 저승패라는 집단이 있었다. 사당으로 잔뼈가 굵었으나 늙고 병들었어도 몸 하나 뉠 곳이 없었다. 사당패가 공연을 떠나면 머물 집이 없는 노인들은 힘들게 놀이패를 따라다니다가 결국은 논두렁 밭두렁 거리죽음을 했다. 그래서 이런 노인사당에게 저승패라는 이름이 붙여진 것이다. 배가 고파서 매구를 칠 수 없다는 소동패의 말에서 내일을 기약하지 못하고 굶주림 속에서 여기저기 장터를 돌아다니면서 기예를 팔던 떠돌이 놀이패의 아픔이 드러난다.

벙어리

벙어리가 등장한다. 삼설양굿에서 봉사와 함께 등장하는 장애인이다. 벙어리는 신발 한 짝을 잃어버렸다. 한 손에 고무신을 들고 나와 벙어리 흉내를 내면서 악사들에게 신발값을 달라고 한다. 하지만 악사들은 서로 돈이 없다면서 주지 않는다. 무녀와 악사들이 승강이를 하는 중에 관객이 돈을 준다. 무녀는 신이 다 떨어져서 맨발을 질질질 벗고 끌고 댕겨도 누가 신 한 켤레 줄 이가 없고 밥 한 술 주는 이가 없다면서 고마움을 표한다. 신값을 받은 벙어리는 큰 굿판에서 말문을 열고 밥을 많이 먹고 돌아간다.

임산부

임산부는 대부분 지역 뒷전에 등장하는 인물이다. 바가지를 배에 넣고 불룩하게 만든 임산부가 등장한다. 애기를 낳다가 죽은 지양혼신이라고 한다. 이 혼신은 부잣집 딸로 태어나 시집도 부잣집으로 갔는데 아홉 달 반이 되도록 아이가 나오지 않아 결국 낳지도 못하고 죽었다고 하소연을 한다. 죽어서 저승에 가니 애기를 배 가지고 온 사람은 들어올 수 없다고 하여 이렇게 떠돌다가 여기서 애기를 낳아 보려고 석 달 열흘 걸려서 왔단다. 조무는 지양풀이를 불러 보라고 한다. 지양풀이를 불러 아기를 낳으면 미역도 주고 기저귀도 주고 포대기도 주고 해산에 필요한 물목을 모두 다 주겠다고 한다. 전라도에서는 산신(産神)을 지양이라고 한다. 해산을 하거나 아기가 아플 때는 안방 웃목에 지양상을 차려 미역, 생수, 쌀을 놓고 빈다.

무녀가 지양풀이를 부르자 곧 아기를 낳는다. 미리 뱃속에 넣어 두었던 바가지를 떨어뜨리면 순산한 것이다. 해산모는 주변으로부터 아기를 키울 미역값이며 속옷값 등을 받는다. 그러자 제 역할을 마친 바가지는 곧 성격이 바뀐다. 집안의 온갖 살을 없애 주는 주술적인 금바가지라는 것이다.

그렇게 나올라고 애를 쓰고 발광을 해도 안 나오더니 아 그냥 지
양풀이를 해놓은께 힘도 안 써도 요것이 뽕당 빠져 불어. (조무:

미역값이랑 속옷값이랑 같은 값이랑 다 나왔어) 몽땅 빠져 불었는데 내가 이러고 본께 요거고 본께 금바가치여. 여기 우리 순천 시내로 내가 이 바가지를 갖고 이렇게 막 쳐대 주면 우리 순천 시내 좋은 일만 나고 재수만 나고 순천에서 이름이 아주 큰 좋은 이름이 날 것이고 요기 이렇게 이렇게 싹 쳐내면 삐죽이 빼죽이 맥없이 삐죽하고 빼죽하고 힐끗하고 햌끗하고 불러내고 후려내고 흘려내고 까물아내로 이런 재물살기 싹 쳐내는 바가지, 근디 다 흘려 니뿌리는 바가치인디 누가 이 바가치 살란가 모르것네. 쌀 세 가마니만 주면 이놈 풀고 갈란디.

(바가지로 쳐내는 흉내를 내면서 퇴장)

삼설양굿의 임산부 놀이는 아기를 낳다가 죽은 하탈귀를 달래 주는 일반적인 뒷전의 내용과 거리가 있다. 해산하는 과정에서 아기를 잃어버리거나 임산부가 사망하는 것이 아니라 탈 없이 순산하는 것이다. 하지만 순산을 하려면 신의 도움이 필요하다. 이를 강조하기 위하여 지양풀이라는 굿을 넣었다. 지양풀이는 무당이 해산하는 집에 가서 해 주는 굿이기도 하다. 아기를 순산하자 그동안 아기의 역할을 했던 바가지는 모든 살을 쳐내는 힘이 있는 기물로 변모한다.

실제로 바가지는 잡귀를 물리는 도구로 사용했다. 바

가지가 깨질 때 나는 소리가 잡귀들을 놀래켜 도망가게 한다고 믿었기 때문이다. 이사를 갈 때는 살던 집 문에서 바가지를 밟아 깼다. 잡귀들이 따라오지 못하게 하는 것이다. 혼례식에서도 신랑 신부가 바가지를 밟아 그 소리로 잡귀들을 물리곤 했다. 이런 믿음이 자연스럽게 바가지를 살 막는 주술적 도구로 변모하게 했을 것이다.

하지만 놀이 속에서 바가지는 새로 태어난 아기이다. 아기가 모든 액과 살을 쳐내고 잡귀를 물리는 것이다. 아기라는 새 생명이 묵은 것을 모두 몰아내는 것이다. '여기저기 삐죽하고 빼죽하고 힐끗하고 핼끗'하면서 분란을 일으키는 나쁜 생각도 없앨 수 있다. 아기에게 주술적 힘을 실어 준 것이다. 집안에 아기가 태어나면 웃음꽃이 핀다고 한다. 새 생명이 주는 행복이다. 이 행복으로 모든 불행을 물리칠 수가 있을 것이다.

봉사

봉사는 모든 지역의 뒷전에서 등장한다. 봉사가 강을 건너가는 모티프나 장터의 여러 장의 이름에 비유하여 눈이 먼 설움을 노래하는 것도 전국적인 현상이다. 대나무 지팡이를 든 봉사가 강을 건너려고 하자 빠져 죽는다면서 악사들이 말린다. 이 강으로 말할 것 같으면 그동안 아흔아홉 봉사가 빠져 죽고 당신마저 빠져 죽으면 백을 채운다고 해서 백봉강이라고 부른다는 것이다. 앞이 보이지 않는 봉사는 멀쩡한 길도 가기가 어렵다. 강을 건너기는 더 난감하여 이렇게 봉사가 물에 빠져 죽었다는 이야기가 전승되는 것이다. 악사들은 백봉강을 무사히 건너고 눈을 뜨려면 강태룡(강타령)을 불러 보라고 청한다.

> 강도 강도 강이로구나
> 압록강도 강이옵고 뒷록강도 강이옵고
> 이수월강도 강이고 순천에 동천다리도 강이로세 강이로다
> (중략)
> 이 병신이 불쌍하고 저 병신이 불쌍허다 하여도
> 봉사병신이 불쌍허네 아이고 아이로 내 신세야
> 아이고 아이고 내 팔자야
> 팔자가 기박해서 할멈도 없고 자식도 없는 것도 원통하고 절통한데 눈 할라 어두워서 내 앞을 못 보니
> 신세타령 절로 나네 아이고 아이고 내 신세야

강타령은 앞에 잠깐 강 이름을 나열하고는 봉사가 신세한탄을 하는 내용으로 구성되어 있다. 눈이 어두워서 강을 건너지 못하는 것을 한탄하는 것이다. 흥미로운 점

은 봉사가 강타령을 부르면 물을 건너는 것뿐 아니라 눈을 뜬다는 것이다. 강타령이 개안을 가능하게 하는 주술적 노래로 기능하는 것이다. 봉사가 강을 건넌다는 것은 저 세상의 힘을 얻음을 상징하기에 눈을 뜨는 것이 가능해진다. 임산부는 지양풀이를 부르는 것으로 하탈귀를 면하고 봉사는 강타령을 통해 눈을 뜬다. 지양풀이는 굿이기 때문에 당연히 주술성이 있다. 그에 반해 강타령은 신세타령을 중심으로 엮은 민요의 차용이다. 그렇지만 둘 다 노래를 통해 한을 풀고 치유된다는 공통점이 있다.

도깨비

마지막으로 도깨비들이 나와서 춤을 추는 것으로 끝난다. 도깨비는 짚으로 만든 옷과 모자를 쓰고 등장하여 한동안 춤을 추다가 굿상의 사과 하나를 들고 퇴장한다. 마지막까지 먹을 것을 탐하는 캐릭터의 모습을 보여 주어 뒷전의 인물과 동질성을 갖는다. 제주도에도 영감놀이라는 굿놀이가 있다. 영감은 곧 도깨비인데 여색을 밝히지만 풍어와 재물을 주는 신격이다. 삼설양굿의 도깨비는 단순해서 성격을 파악하기 어렵지만, 마지막에 등장하는 것으로 미루어 볼 때 잡귀들을 다 풀어먹인 뒤 마무리를 해 주는 신격으로 보인다.

4장

사회적 약자로서 뒷전의 인물 분석

1. 뒷전의 인물들은 사회적 약자이다

세상에는 수많은 형태의 죽음이 있다. 어쩌면 삶의 내용이 다양한 만큼 다양한 죽음도 존재할 것이다. 그렇지만 모든 죽음이 뒷전에 등장하는 것은 아니다. 뒷전은 사회의 외곽에서 인간다운 대우를 받지 못하고 살다가 험하게 죽은 존재들을 위로하고 있다. 그래서 뒷전에는 한을 풀어 주어야 할 다양한 인물이 등장한다. 가족도 이웃도 사회도 국가도 아무도 돌봐 주지 않았던 사람들이 뒷전의 주인공이다. 살아생전 누구의 도움도 받지 못하고 외롭게 간 비참한 죽음일수록 뒷전에서는 중요하게 여겨지고 대접을 받는 것이다. 굳이 정의를 내려보자면 사회의 약자들을 위로하는 굿이 바로 뒷전이다.

사전에 따르면 사회적 약자는 "신체적, 종교적, 사회적 특징 등의 측면에서 자신들이 살고 있는 국가나 사회의 지배적 가치보다 기준이 낮아 차별의 대상이 되거나 불평등한 대우를 받는 자"[13]이다. 이 정의는 주어를 뒷전의 인물로 바꾸어도 무방할 만큼 내용이 일치한다. 뒷전의 인물은 전반적으로 공동체의 기준보다 낮은 삶을 살았고 그 때문에 차별당하고 불평등한 대우를 받았다. 이들은 마땅히 인간답게 살 권리를 보장받지 못했다. 혼자 힘으로 살아가기 어려운 보호의 대상이었지만 누구도 이들을 보호하지 않았다. 오히려 모욕하고 차별하고 집단적으로 소외시켰다. 뒷전은 이들의 존재를 드러내고 위로하는 굿이다. 이들도 인간이고 우리 이웃이라는 진실을 소환하는 굿이다. 연극의 형식을 빌려 이들의 삶과 죽음을 보여 주면서 소외된 이웃을 돌아보는 자리이다. 이들의 아픔에 공감하는 시간이다. 이들을 기억하고 역사로 끌어안는 행위이다.

---

13 https://namu.wiki 사회적 약자

뒷전의 인물을 분류해 보면…

사회적 약자의 관점에서 뒷전의 인물을 분류해 본다면 장애인, 여성, 동시대의 소외된 서민의 3부류로 나눌 수 있다. 먼저 눈에 띄는 것은 신체적 특징으로 구분되는 사회적 약자, 즉 장애인들이다. 황해도의 마당굿이나 전라도 삼설양굿에는 온갖 장애인들이 나온다. 예를 들어 마당굿에는 한 다리 한 팔 저는 사람, 네 발 짐승도 아닌데 걸을 수 없어서 기어 다니는 기바리, 그런가 하면 고개를 내릴 수 없어서 하늘만 쳐다보는 천상바라기, 안팎곱사 등이가 있다. 성병에 걸려 코가 막힌 사람도 있고 이성에게 지나친 관심을 보이는 바보도 등장한다. 전라도 삼설양굿에는 벙어리가 등장한다. 뒷전의 마지막은 장님, 봉사 등으로 낮춰 부르는 시각장애인이 차지한다. 독경무였던 시각장애인은 전국적으로 등장하고 있는데 신체적 약자뿐 아니라 무당과 더불어 천대받는 사제의 성격을 지니고 있어 종교적 약자에도 포함될 수 있을 것이다.

뒷전에는 여성 캐릭터가 많다. 이들은 모두 가정에서 소외된 존재이다. 딸을 열셋이나 낳은 뒤에 여성성을 잃고 놀림을 받는 늙은 여인, 남자의 힘과 권력에 굴복하여 임신하고 힘들게 아기를 낳았으나 곧 태아가 죽어 버리는 해산모, 모진 시집살이 끝에 자살한 여인이 등장한다.

목숨을 걸고 물질을 하다가 결국 목숨을 잃고 마는 해녀와 바위에서 김이나 미역을 따다가 사고를 당한 여자들은 고된 노동에 시달리다가 죽었다. 전통사회에서 여자는 남자들보다 신분이 낮은 약자에 속했다. 그런데 뒷전에 등장하는 여자들은 그중에서도 가정, 경제, 사회적 조건 가운데 어느 것 하나 제대로 갖추지 못한 전형적인 사회적 약자이다.

동해안지역의 거리굿은 다른 지역의 뒷전에 비해 당대 사회의 모습이 반영되어 있는 것이 특징이다. 굿의 전승지역이 동해안이기에 주로 어촌에서 가난에 시달리며 고된 삶을 사는 서민들의 일상을 묘사하고 있다. 끼니도 못 챙기고 새벽부터 고기 잡으러 나간 어부들은 거친 파도에 휩쓸린다. 사투를 벌이다가 목숨을 잃는 어부에 이어서 줄 하나에 의지하고 바다 밑에서 작업하는 해남(머구리)이 등장한다. 해남은 욕심을 못 이겨 사고를 당하면 영영 바다에 잠기고 만다. 그리고 살아남아도 대부분은 잠수병에 걸려 쓸쓸한 노후를 보내는 것이다. 동족상잔의 비극적인 전쟁을 겪고 아직도 분단국가인 우리 현실에서 군인은 매우 특별한 존재이다. 자신의 의지와 상관없이 역사의 소용돌이에 휩쓸려 죽은 전쟁 희생자들과 지금도 위험이 상존하는 군대, 이 둘과 무관한 가정은 거의 없기 때문이다. 아직도 해안가에 철책이 남아 있는 강원도 동해안지역은 더군다나 그 위험이 현실적이다.

어민이나 군인을 굳이 사회적 약자로 볼 필요는 없을지 모른다. 하지만 농업에서 산업 중심으로 옮겨 간 우리 사회에서 어민들은 늘 소외되었다. 또한 상하 명령체계에서 의무적으로 일정 기간 복무해야 하는 군인은 자신의 의견을 자유롭게 개진할 수 없는 처지라는 이유만으로도 충분히 사회적 약자의 범주에 들어간다고 하겠다.

전라도 삼설양굿에서는 소동패 같은 놀이패가 등장하여 놀다가 간다. 떠돌이 놀이패는 하층집단이지만 우리나라 민속놀이의 산실이었고 무당집단과도 가까웠다. 전통사회에서 천민이었던 이들 역시 사회적 약자이다. 앞에서 분류한 순서대로 뒷전의 인물을 분석하고 사회적 약자를 대하는 무속신앙의 시각을 살펴본다.

2. 장애인

사회의 편견을 직시하는 장님놀이

우리 사회는 장애인에 대한 편견이 적지 않다. 지금도 장애인은 정상적인 제도교육을 받기 어려울 정도로 차별

받고 있다. 부모들이 피눈물을 흘리면서 맨땅에 무릎을 꿇어도 마을 주민들의 반대로 장애인 특수학교를 세우지 못한다. 장애인들이 거리에 오가면 보기에 좋지 않고 심지어 집값이 떨어진다면서 접근 자체를 막는 것이 지금 우리 사회의 모습이다. 편견과 이기심이 상식의 한도를 넘었지만, 여전히 용인되고 있는 것이 우리의 황폐한 현실이다. 그렇다면 굿판에서는 이들을 어떤 시선으로 보고 있을까.

장애인 가운데 시각장애인, 즉 맹인은 뒷전에 가장 자주 등장하는 인물이다. 이는 맹인이 독경무로서 사제의 직능을 해 온 역사적 사실과 무관하지 않다. 신을 대접하는 무당굿과 축귀에 중점을 두는 독경은 의례 방법에서 상당히 차이가 있지만 같은 무속신앙으로 분류할 수 있다. 그래서 황해도 마당굿에서 맹인은 마지막에 파경을 하는 사제의 역할을 맡고 서울에서는 맹인성수거리라고 하여 신격화되는 것이다. 하지만 뒷전의 맹인은 이미 사제로서의 권위가 추락한 모습을 보여 준다. 스스로 '쉰나물 한 접시 놓고 곽곽선생을 부른다'면서 자기비하를 하고 굿 한자리를 차지하려고 무당과 다투기도 한다. 실제로 뒷전의 맹인은 사제보다는 장애인으로서의 비극적 삶을 표현하고 있다.

뒷전에서 맹인의 장애는 공공연한 모욕의 대상이다. 거리에서 맹인을 본 아이들은 지팡이를 뺏으려 든다. 아이들에게는 장난일지 모르나 맹인에게 지팡이는 눈이나 마찬가지이니 매우 잔인한 행동이다. 동네 아낙들도 방아타령으로 맹인의 신체적 결함을 놀린다. '저기 가는 저 장님 색시방에 들었는지 감은 듯이 잘 멀었네', '저기 가는 저 장님 뜨물통에 빠졌는지 뿌옇게도 잘 멀었네' 등의 말장난이 끝없이 이어진다. 사회구성원 가운데 가장 약한 위치에 있는 어린아이나 동네 아낙들로부터도 놀림의 대상이 되는 것이 맹인의 현실이다. '우리 어머니가 나를 슬 때 배나물을 잡쉈는지 배라먹게 설운지고', '우리 어머니가 나를 슬 때 고비나물을 잡쉈는지 고비보기 설운지고….' 속상한 맹인은 나물타령을 부르면서 처지를 비관하고 왜 이런 자식을 낳았느냐면서 어머니를 원망한다. 가끔은 자신을 놀리는 아낙들이 정조가 없다고 공격하는 노래로 대응해 보지만 맹인의 처참한 현실이 바뀌는 것은 아니다.

고통을 달래 주는 노래의 힘

그렇지만 사실 이 노래들은 대부분 해학적인 말장난이다. 맹인을 놀리는 노래는 방아타령이다. 방아타령은 신이 나는 타령 장단의 흥겨운 민요로 관중에게 익숙하다. 그런데 비록 욕보이는 내용이지만 찰떡 같은 비유로 구성되어 있는 노랫말은 오히려 맹인에 대한 거부감 내지는 반감을 감소시키는 효과를 갖는다. 맹인을 놀리기 위한 노래라기보다는 노래 자체의 재미가 강조되면서 흥겨움을 주기 때문이다. 맹인의 대꾸도 마찬가지이다. 낳아 준 어머니에게 하는 신세타령은 내용만으로는 너무나 가여운데 워낙 노래가 재미있다 보니 정작 대치하는 상황의 심각성이 줄어든다. 자신을 놀리는 상대를 비방하는 노랫말도 웃음이 나기는 마찬가지여서 적대감이 보이지 않는 것이다.

전체적으로 흥겨운 분위기에서 진행되지만 장님놀이는 우리 사회가 장애인에 대해 갖고 있는 부적절한 시각을 반영하고 있다. 장애인은 일상에서 도움이 필요한 존재이다. 하지만 장애인에게 도움을 주기는커녕 장애인을 놀림의 대상으로 삼는 것이 현실이다. 놀이는 비정한 사회의 진실을 감추지 않는다. 다만 이를 풀어 가는 방법은 여유가 넘친다. 흥겨운 노래와 웃음으로 현실을 인정하면서 동시에 각박함을 극복하는 지혜가 보이는 것이다. 이런 방법은 뒷전에서 일관되게 사용되고 있다.

장애인들의 놀이판, 마당굿

황해도 마당굿은 여러 장애인의 애환을 코믹하게 다루고 있다. 장애는 불편하고 치명적인 약점인데 굿에서는 시종 유쾌한 분위기 속에서 장애인을 대한다. 제일 먼저 등장하는 인물은 한 다리 한 팔 못 쓰는 장애인이다. 이어서 구경꾼의 신발을 뺏어 양손에 끼고 기어 오는 기바리와 하늘만 쳐다보는 천상바라기가 더듬거리며 들어온다. 이들은 모두 '장고산이 명산'이라면서 굿판을 찾아와 한바탕 춤을 추고 병을 고친 후에 돌아간다. 장구재비는 장애인들의 딱한 처지를 먼저 알아 주고 이름을 불러 주며 잘 놀고 병도 고치고 가라고 권유한다. 성불구인 바보는 자신의 현실을 인정하지 않는다. 관중에게 자신이 절대로 불구가 아니라면서 색시를 얻어 달라고 청한다. 또한 오히려 남들보다 자신의 성적 능력이 우월하다는 점을 강조하면서 웃음을 유발한다. 관중의 개입을 적극적으로 유도하는 것은 뒷전에서 자주 사용하는 극적 장치이다. 이를 통해 관중들은 인물이 처한 극중 현실에 관심을 갖고 참여하며 나아가 자신의 문제로 받아들이게 되기 때문이다.

안팎곱사둥이는 오로지 굿을 보려고 힘들게 먼 길을 왔다. "굿 구경 하려고 내일 모레 어저께 그저께 열다섯 보름 전부터 왔는데 주머니 차고 염낭 차고 두부 서말 해서 다 먹고 거품은 다 넘기고 숨만 남았담네" 안팎곱사둥이가 이렇게 헉헉대면서 먼 길을 온 이유는 굿판에서 춤을 추기 위해서이다. 장구재비는 춤이나 출 줄 알겠냐면서 무시한다. 그럴 법도 한 것이 안팎곱사둥이는 팔자가 사나워 제대로 된 가정을 꾸리지 못했던 인물이다. 하지만 '의붓아들이 나보다 삼년 맏이인데 환갑날 굴뚝에서 소등깨 쓰고 몰래 추던 춤이 있다'고 한다. 집안도 위아래가 바뀌어 이상하지만 살아생전 춤도 맘 놓고 춰 보지 못했던 안팎곱사둥이는 죽을힘을 다해 찾아온 굿판에서 비로소 춤을 춘다. 남몰래 굴뚝에서 추는 춤이 아니라 정식으로 삼현장단을 청해 많은 관중들이 보는 앞에서 마음껏 추는 춤이다. 그리고 마침내 안팎곱사둥이는 병을 고치고 돌아가는 것이다.

추는 굿

마당굿에 등장한 장애인들이 병을 고치는 방법은 춤을 추는 것이다. '장고산이 명산이다', '장고산, 징산, 몽석산에서 춤을 추면 병이 낫는다'고 한다. 악사들이 장구 치고 징 치는 가운데 굿판에 깔아 놓은 멍석 위에서 춤을 걸게 한번 추면 병이 낫는다고 믿는다. 춤을 통해 한을 풀고 자유로운 존재가 되어 돌아가는 것이다. 장애가 심할수록 이들은 더 신명을 내어 춤을 춘다. 앞의 다른 장애인들보다 안팎곱사등이의 춤이 더욱 본격적으로 벌어지는 이유이다.

제주도에는 '추는 굿'이 있다. 추는 굿은 병굿의 일종이다. 영감이라고 부르는 도깨비가 붙어서 병이 생겼다고 믿고 떼어 버리려는 목적으로 하는 굿이다. 그런데 일반적인 병보다는 대개는 정신질환자를 대상으로 한다. 해녀들이 물속에서 시신을 보고 놀랐을 때는 대개 '넋드림'을 하지만 아주 심하게 놀라 정신이 나갔을 때도 이 굿을 한다. 추는 굿은 말 그대로 환자를 춤추게 하는 굿이다. 치병굿의 순서를 따르되 사이사이 추는 굿을 넣어서 환자가 직접 춤추게 하는 것이다. 서우제소리는 제주도굿에서 나온 노래인데 매우 흥겹다. 심방은 서우제소리에 맞춰 환자의 상태를 노래하고 환자가 스스로 내면의 갈등을 풀어내도록 돕는다.

제주도굿의 장단은 모두 타악기로 구성된다. 심방은 장구와 설쇠, 징을 몰아치면서 환자가 지쳐 쓰러질 때까지 춤을 추게 한다. 환자의 추는 굿은 굿하는 동안 수십 회 반복된다. 쓰러지면 쉬고 다시 춤추고 또 쓰러지면 쉬었다가 다시 춤을 춘다. 아무리 힘들어도 중단할 수가 없다. 적어도 심방이 환자가 병의 원인이 된 자신의 문제를 밖으로 드러낼 준비가 되었다고 판단하기 전까지는 춤을 멈출 수 없다. 그러다가 어느 순간 환자는 미친 듯이 춤에 빠져든다. 마치 분홍신을 신은 것처럼 몸을 제어하지 못하는 때가 온다. 내가 춤을 추는 것인지 춤이 나를 추는 것인지 알 수 없는 시간이 흐르고, 탈진하기 직전 환자는 마음 깊은 곳에 못처럼 박혀 있던 것을 울컥 토해낸다. 한없이 울기도 하고 마음에 맺힌 사연을 넋두리하기도 한다. 그러면 추는 굿이 끝난다. 추는 굿은 춤을 통해 마음을 짓누르던 존재에서 벗어나 모두 풀어내고 마침내 자유로워지는 굿이다.[14]

고통을 달래 주는 춤의 힘

뒷전의 장애인도 춤을 통해 자신을 구속하던 고통에서 벗어난다. 춤을 춤으로써, 춤의 힘으로, 억눌려 있던 무의식을 끌어올린다. 고통스러운 과거를 향해 두 팔을 내던지면서 돌진한다. 자신의 마음과 몸을 모두 소진하는 행위를 통해서 이들은 순수한 상태로 되돌아가고 마침내 자유로워진다. 춤을 다 춘 꼽추는 허리를 펴고 앉은뱅이

---

14 고광민·강정식, 『제주도 추는굿』, 국립문화재연구소(편), 피아, 2006. 참조

가 일어나며 벙어리는 입을 연다. 뒷전에서는 장애인이 춤을 통해 병을 고치고 드디어 장애에서 해방된다. 물론 춤이 유일한 방안은 아니다. 노래를 통해 자신을 치유하는 경우도 있다. 모든 지역의 시각장애인이 그러하고 황해도 마당굿에서 난봉가를 부르는 매독 환자 역시 노래를 통해 장애를 벗어나 자유로워진다. 춤과 노래를 통해서 이들은 평생의 굴레를 벗어나 몸과 마음의 병을 모두 고치고 자유롭게 이승을 떠날 수 있는 존재가 되는 것이다.

뒷전에 찾아온 장애인은 모두 자신의 장애를 천형처럼 지고 살았다. 죄 없이 죄인처럼 살아야 했던 존재들이다. 그렇지만 뒷전에 등장하는 장애인들은 자신의 처지를 비관하지 않는다. 그보다는 있는 그대로의 자신을 인정한다. 장애를 과장하여 동정을 구하지도 않지만 그렇다고 좌절하지도 않는다. 그들이 바라는 것은 굿판에서만큼은 자신을 동등한 인격으로 인정해 주는 것이다. 관중들은 선선히 있는 그대로의 장애인을 받아들이고 공감한다. 그리고 여기서만큼은 그들이 병이 나을 수 있다는 희망 편에 선다. 그 결과 적어도 굿이라는 틀 안에서는 깨끗하게 병을 고치고 행복한 마음으로 돌아가는 장면이 연출될 수 있는 것이다.

자유를 소망하는 춤판, 굿판

장애인에 대한 이런 관점은 다른 민속연희와 비교하면 제법 차이가 있다. 황해도 마당굿처럼 장애인들이 한꺼번에 등장하는 대표적인 민속놀이로 밀양백중놀이가 있다. 밀양백중놀이에서는 꼽추춤, 난쟁이춤, 꼬부랑할미춤, 떨떨이춤, 문둥이춤, 배불뚝이춤, 봉사춤, 절름발이춤, 중풍쟁이춤, 히줄래기춤 등 매우 다양한 병신춤을 춘다. 그런데 일부 전승에 따르면 밀양백중놀이에서 추는 소위 병신춤은 양반풍자의 성격을 띠는 춤이라고 한다. 놀이판에 어울리지 않게 들어온 양반을 장애인으로 설정하여 춤으로 비판한다는 것이다. 비슷한 예로 탈춤의 양반광대가 있다. 탈춤에 등장하는 양반광대는 대부분 장애를 가지고 있다. 탈의 모양이나 춤사위를 통해 장애의 종류를 알 수 있는데 언청이탈도 있고 삐뚜루미탈도 있고 홍백가탈도 있다. 한마디로 병신탈인 것이다. 반면 양반광대의 대칭점에서 민중을 대표하는 말뚝이는 비록 하인이지만 탈이 크고 당당하다. 그런데 허용호에 따르면 탈춤에서 양반이 장애인으로 설정된 것은 그들의 내적 결함, 부도덕함을 드러내려는 의도에서이다. 내면의 사악함을 외면으로 드러내기 위해서 병신탈을 사용한 것이다. 이에 반해 크고 당당한 말뚝이탈을 통해 민중들은 자

신들의 건강함과 힘, 그리고 그것이 담보해 주는 정신적·도덕적 정당성을 확인한다는 것이다.[15]

이 경우 밀양백중놀이나 탈춤에 등장하는 병신탈들은 양반에 대한 연극적 비판을 위한 수단으로 쓰이는 셈이다. 양반이 비정상적인 캐릭터라는 사실을 강조하려는 방편인 것을 충분히 이해하지만, 그 과정에서 장애인의 위치는 추락하고 만다. 장애가 단순한 핸디캡이 아니라 천형, 즉 하늘이 내린 벌이라는 인식을 바탕으로 놀이가 성립되었기 때문이다. 장애를 대하는 이런 관점은 장애인의 입장에서 볼 때 매우 부당하다. 벌은 죄를 지은 사람이 받는 것이다. 하지만 장애는 죄의 결과가 아니다. 병신난봉가의 가사처럼 누구나 장애인이 될 수 있고 장애인이 따로 있지 않다는 사실에도 전혀 맞지 않는 것이다.

밀양백중놀이나 탈춤과 비교해 볼 때 뒷전에 나오는 장애인들은 이런 방식의 부당한 대우를 받지 않는다. 이들은 당당하게 자신의 병명을 말하고 굿판에서 한바탕 놀겠다고 한다. 한풀이이자 신명풀이이다. 비록 막힌 코를 통해서이지만 뱃속에 가득 찬 소리를 맘껏 풀어낸다.

---

15 허용호, 「가면극 속의 장애인들」, 『구비문학연구』 제37집, 373–424쪽, 한국구비문학회, 2013.

오랜 지병을 고칠 만큼, 육체적·정신적으로 전적인 변화를 이룰 때까지 춤을 추는 것이다. 그것은 바로 자신을 온전히 던져서 신명껏 추는 춤을 통해 잃어버린 자아, 진정한 자아와 만나는 일이다.

장애인들은 평생 동안 외부의 따가운 시선에 짓눌린 채 살아왔다. 이런 편견은 당연히 마음의 상처가 되었고 치유하기 어려운 병이 되어 마음의 장애까지 짊어지고 사는 경우가 많았다. 원래는 몸에 장애가 있던 것이지만 결국은 마음마저 아픈 상태가 되는 것이다. 그렇지만 마음의 병을 준 당사자들은 오히려 이들을 가리켜 '병신 고운 데 없다!'라면서 더욱 잔인하게 짓밟았다. 누구도 그들을 감싸 안고 품어 주지 않았다. 쓰라린 모욕, 차가운 무관심을 견디면서 그들은 마음과 몸이 모두 병든 채 고단하고 쓸쓸한 삶을 살다가 세상을 떠났다.

병을 고친다는 것은 단순히 신체적 자유를 얻는다는 의미만은 아니다. 동시에 짓눌려 있던 정신적 압박에서 벗어나는 일이기도 하다. 장애인들의 장애는 신체에 있는 것이지 마음까지 장애가 있는 것은 아니다. 뒷전은 장애인이 이런 압박과 구속에서 벗어나 자유로워지기를 바라는 소망이 낳은 춤판이다. 구경꾼들은 장애인의 춤을 보면서 응원하고 마침내 병을 고치고 돌아가는 과정을 지켜본다. 적어도 굿판에서만은 장애가 있다고 차별받고 소외되는 사람은 없는 것이다.

3. 여성

가정에서 소외된 여성들이 모인 자리

일반적으로 여성 최고의 미덕은 어머니상에 있다. 오로지 가족과 자식을 위해 평생 희생하여 존경과 사랑을 받는 어머니야말로 여성상을 대표한다. 거기에 자신만의 능력까지 발휘할 수 있다면 신사임당처럼 세상의 존경을 받게 되는 것이다. 그렇지만 뒷전에는 이런 여성이 전혀 보이지 않는다. 뒷전의 여성은 가정의 중심에 있는 모성적 존재가 아니라 오히려 가정에서 소외되고 학대받는 존재들이다. 일상화된 남녀차별 속에서 뒷전의 여성은 남성의 성적 대상이자 대를 잇는 생산의 도구일 뿐이다. 그뿐만 아니라 생활고에 허덕이는 뒷전의 여성들은 강도 높은 노동을 이기지 못하고 죽음의 현장에 내몰린다. 뒷전은 가족과 사회로부터 소외된 하위 계층 여인들의 참담한 실상을 생생하게 보여 주고 있다.

뒷전에 등장하는 여성 캐릭터는 지신할머니, 골매기할

매와 며느리, 해산모, 모진 시집살이에 약 먹고 죽은 며느리 등이다. 그 외에 해녀와 바닷가에서 미역이나 김을 따다가 목숨을 잃은 여인도 있는데 무당이 표현하는 이들의 모습은 동시대 서민의 일상이기도 하다. 지신할머니, 골매기할매, 해산모 등 일부 여성 캐릭터들은 지모신의 흔적을 지니고 있다. 서울굿 뒷전의 지신할머니는 너무 성행위를 많이 해서 병신이 되었고, 동해안 거리굿의 골매기할매는 시집가기 전에 딸 일곱, 시집간 후에 딸 여섯을 낳았다고 한다. 희미하게나마 다산을 통해 풍요를 기원한 지모신 신앙의 흔적을 찾을 수 있다. 그러나 뒷전은 신화의 세계가 사라진 뒤 남성 위주로 재편된 사회에서 몰락한 당대 여성의 상황에 주목하기에 현실감이 있다.

해산거리는 지역에 따라 두 가지 다른 내용으로 전개된다. 황해도 마당굿에 등장하는 해산모는 아이를 낳았으나 태가 나오지 못해서 그만 죽고 만다. 열 달 동안 뱃속에서 키우던 자식을 낳다가 죽었으니 그 한이 얼마나 크겠는가. 이런 해산모는 한을 품고 죽은 뒤 떠돌이 잡귀가 된 뒷전의 전형적인 인물이다. 동해안 거리굿에서는 산모가 아니라 아이가 죽는다. 마을 사람들이 힘을 보태서 어렵게 아이를 낳았으나 허무하게 죽어 버리고 마는 것이다. 자연분만이 유일한 방안이었던 전통사회에서 해산은 매우 위험했다. 산모가 죽기도 하고 어렵게 태어난 아이가 숨 한 번 못 쉬고 죽기도 했다. 새 생명이 태어나는 해산이 중요한 만큼 위험에 대한 경고도 더없이 강력하다. 해산은 한 가정의 사건이 아니라 마을 전체 나아가 사회의 운명에 영향을 미치는 중요한 일이라는 의식이 이 굿의 밑바탕에 깔려 있는 것이다.

반면 서울 경기 지역과 전라도 뒷전의 해산거리는 산모가 무사히 순산하여 아이를 낳는다. 순산을 했기에 하탈귀의 한은 드러나지 않는다. 서울 뒷전에서는 바가지를 아이라고 하면서 치마 속에서 꺼내는 것으로 해산을 한다. 아이는 박넌출이라고 이름 짓고 굿을 한 집에 업둥이로 보낸다. 아이는 대를 이어갈 새 생명으로 번영과 풍요의 상징이 된다. 굿의 목적은 인간의 삶을 보다 윤택하게 해 주는 데 있다. 집안에 새 생명을 주는 해산거리는 이런 점에서 풍요를 기원하는 굿의 목적에 부합한다. 그렇지만 이는 아이를 낳다가 죽은 여인의 간절한 희망이 무당을 통해 구현된 것으로 볼 수도 있겠다.

가정 폭력의 희생자들

극적 상황에서 본다면 지신할머니, 골매기할매, 해산

모는 공통점이 있다. 모두 일상의 질서 밖에 있는 여인들이다. 과도한 성행위로 병신이 된 지신할머니나 시집도 가기 전에 벌써 아이 일곱을 낳은 골매기할매는 일반 부녀자들과 거리가 있다. 해산모 역시 정상적인 결혼을 통해 임신한 것이 아니다. 이들의 말년은 비참하다. 지신할머니와 골매기할매는 모두 성적 학대를 당한 결과 늙어서는 뒤에서 고약한 냄새가 나는 쓸모없는 존재가 되고 말았다. 여성성을 잃어버린 이들에게 관심을 보이는 것은 이제 남자가 아니다. 냄새를 맡고 쫓아오는 동네 강아지들뿐인 것이다. 늙어 버린 골매기할매는 풍요의 여신으로서 주인공의 위치를 상실하고 며느리 흉이나 보는 뒷방 노인이 되었다.

골매기할매거리는 며느리와 딸의 서사로 이어진다. 여인들은 모두 과도한 노동에 노출되어 고된 일상을 살아가고 있다. 골매기할매의 며느리나 이웃집 참한 며느리나 모두 새벽부터 밤까지 하루 종일 일에서 헤어날 수가 없다. 가사노동과 밭일, 남편 수발로 쉴 틈이 없는 것이다. 어촌에서는 해산물 채취도 여자의 몫이다. 미역을 따다가 풍랑에 휩쓸린 여인의 이야기도 팍팍한 가난에 내몰린 비참한 결과이다. 드물게는 해녀가 되어 위험한 바다를 터전으로 살아가기도 한다. 상당수의 여인들이 가난 때문에 험한 일을 하다가 목숨을 잃고 결국 뒷전에 등장하는 것이다.

가정 폭력에 희생당해 자살한 며느리도 뒷전에서는 주인공이다. 마당굿에 보면 시어머니가 몹시굴어서 양잿물을 먹고 죽은 며느리는 등장하자마자 큰 떡을 통째로 삼키려고 하면서 음식에 집착하는 모습을 보인다. "저것봐. 저렇게 맹꽁이니까 잿물 먹구 죽었지." 장구재비는 며느리의 약점을 꼭 집어 꾸중하고는 천천히 먹으라고 권한다. 살아생전 못 먹고 죽은 것도 억울한데 야단까지 맞았지만 며느리는 기분이 썩 나쁘지 않다. 맹꽁이 며느리는 장구재비가 시키는 대로 고분고분 떡을 작게 뜯어서 하나씩 꼬챙이에 끼워 다 먹고는 물을 마시고 이제 병을 고쳤다면서 돌아간다. 장구재비의 투박한 말은 곧 가엾게 죽은 며느리에 대한 관중들의 마음을 대변한다. 아무리 시어머니가 고약했어도 화해하지 못하고 자살한 것이 잘한 일은 아니다. 하지만 오죽하면 죽었을까 안쓰러운 마음이 더 크다. 시어머니는 며느리에게 어떻게 몹시굴었을까? 아마도 먹을 것을 제대로 주지 않았을 것이다. 하루 두 번, 바가지에 물 말아 허겁지겁 때우는 끼니마저 이런저런 눈치에 제대로 못 먹고 배를 곯았던 수많은 며느리들의 이야기가 전한다. 그리고 그 이야기는 곧 굿을 보는 부녀자들의 서사이기도 하다. 어떤 설움이 배고픈 것만 하랴. 그래서 야단은 치되 자신들의 배고팠던 설움을 기억하면서 차근차근 배불리 먹여 보내는 것이다.

웃음으로 다시 일어난다

뒷전에 등장하는 여성 캐릭터들은 모두 폭력에 희생당하여 죽음을 맞았다. 힘과 권력을 가진 남자들에게 성적으로 학대를 당하거나 아들을 낳아 대를 잇는 것이 강요되는 남성 위주의 사회에서 딸 열셋을 낳은 여인의 고단한 삶이 조명된다. 폭력은 또 다른 폭력을 낳는다. 가정 안에서 평생 폭력에 시달려 온 여자는 자신보다 약한 여자를 학대한다. 이처럼 순환하는 모순된 구조 속에서 결국 죽음을 택하고 마는 여인도 있다. 모두 정상적인 가정을 이루지 못한 채 희생당한 존재들이다.

그렇지만 이들의 삶은 단순히 동정어린 시선으로 묘사되지 않는다. 지신할머니는 영감 때문에 병이 났지만 정작 굿판에 와서는 시침을 떼고 그 사실을 숨긴다. 그리고는 병을 고친다면서 사람들에게서 돈을 얻어간다. 비참한 상황 속에서도 잇속을 차리는 현실적인 노파의 모습이 적나라하게 묘사되고 있다. 골매기할매는 열셋이나 되는 딸을 전국 방방곡곡으로 시집보냈다. 자랑스럽게 시집보낸 지역의 이름을 말하는 것으로 짐작하건데 본인의 관점에서는 제법 성공적으로 딸을 치운 것이다. 그러고는 천연덕스럽게 시어머니의 입장이 되어 자기 며느리의 흉을 본다. 며느리가 고운 시어머니는 별로 없는 법이다. 덕분에 골매기할매는 용이하게 굿판에 앉아 있는 할머니들의 공감을 이끌어 내면서 존재감을 발휘한다. 동해안 거리굿의 해산모는 갖은 고생 끝에 낳은 아이를 곧 잃었지만 슬픔에 매몰되지 않는다. 오히려 또다시 새로운 생명을 추구하는 모습을 보여 준다. 극중 아이 아버지의 다리를 붙들고 아이를 하나 더 '맹글자'고 매달리는 우스개로 표현하고 있지만 끈질긴 생명의 힘이 전달된다.

뒷전이 진행되는 동안 관중들은 자연스럽게 극에 참여하고 함께 웃으면서 이들의 삶을 있는 그대로 받아들이게 된다. 굿의 관중들은 나이 든 여인들이 대다수이다. 굿판의 할머니들은 젊은 시절 호된 시집살이를 하면서 선택의 여지없이 주어지는 대로 아이를 낳고 그 가운데 아들을 낳아야 한다는 압박감에 시달렸던 경험을 공유한다. 동시에 지금은 며느리와 갈등을 겪고 있는 당사자이기도 하다. 조금 과장되어 있기는 하지만 뒷전에 등장하는 인물이 곧 자신의 모습으로 다가온다. 무당은 지금 자신의 서사를 보여 주고 있는 것이다. 내가 견뎌 온 지난

한 삶이 내 앞에 펼쳐지고 있는 셈이다. 이렇게 그들은 자신의 과거와 현재의 모습을 보면서 웃고 있다. 배가 아프게 웃으면서 자신의 고통과 슬픔이 나만의 것이 아니라는 것을 느낀다. 자신의 세월을 객관화하고 드디어 웃어 버릴 수 있는 힘을 기른다. 웃어 버릴 수 있는 힘을 받고 살아갈 힘을 나눈다.

뒷전은 대부분 웃음을 매개로 표현된다. 막다른 절망에 부딪혔을 때 이를 웃음으로 극복하고 벗어나는 기지는 수많은 역경을 헤쳐 나오면서 민중들이 터득한 삶의 지혜이다. 해산거리에서 볼 수 있듯이 굿은 자식을 잃은 절망도 웃음으로 극복해 낸다. 그리고 그 웃음은 관객들이 다 함께 웃을 때 힘을 얻는다. 큰 웃음을 통해 난관을 극복하고 웃음 가운데 동질감을 나누며 다시 살아갈 용기를 찾아내는 것이다.

4. 동시대의 소외된 서민들

하루하루 위태로운 어민들의 삶
어촌에서 하는 동해안 별신굿의 거리굿은 어부, 머구리, 해녀 등이 등장하여 바다를 의지하고 사는 서민들의 일상을 생생하게 보여 주고 있다. 만선의 꿈을 안고 조업을 나갔다가 풍랑에 돌아오지 못한 어부들의 서사는 비장하기 짝이 없다. 아무 걱정 없이 뱃노래를 부르면서 노를 저어 나가던 바다가 조금씩 일렁인다. 오늘 바다가 이상하다는 것을 알아챈 것은 나이 든 어부뿐이다. 이미 다른 배들은 고기를 잡아 돌아가는데 우리 배는 그물도 내리지 못했다. 미련이 남지만 돛을 달고 돌아가기로 한다. 이제 한숨 돌리고 밥을 먹으려고 할 때 목신 동티가 난다. 신에게 바치려던 술병이 깨진 것이다. 불길한 예감은 틀리는 법이 없다. 아무리 물을 퍼내면서 안간힘을 써 봐도 이미 성난 바다를 달랠 길이 없다. 새파란 청춘, 장가 못 간 총각들이라도 살려 달라는 나이 든 어부의 외침만 처절하게 바다를 떠돌 뿐이다.

칠성판을 등에 지고 작업한다는 물질은 조금만 욕심을 부려도 목숨이 위태롭다. 해녀들이 위험한 것은 역시 전복이나 문어 같은 좋은 물건에 눈이 팔려 숨이 모자란 것을 인지하지 못하고 오래 머물기 때문이다. 아주 잠깐의 시간 차이이지만 결과는 치명적이다. 이로 인해 죽는 사람은 많지 않으나 잠수병에 걸려 평생 고생하게 되는 것이다. 갑자기 다리에 쥐가 나는 경우가 가장 위험한데 물 위로 올라오지 못하고 죽을 수도 있다. 해녀들에게 바다는 또 하나의 밭이다. 여기는 미역바위, 저기는 전복, 이곳은 비어 있는 밭이라는 식으로 지도가 손안에 들어 있다. 하지만 역시 물속은 알 수 없는 미지의 세계이고 언제나 위험하다. 바닷속에서 시신을 보고 공포에 질리기도 한다.

원래 해녀는 제주도에만 있었다. 제주도 해녀들은 육지뿐 아니라 일본, 러시아까지 원정 물질을 갔는데 더러는 타지에서 결혼하여 정착했다. 동해안의 해녀들은 이렇게 눌러앉은 제주 해녀에게 물질을 배운 사람들이다. 제주도에는 해녀들을 위한 굿이 발달했다. 물속에서 시신을 보는 등 크게 놀라는 일을 겪으면 심방에게 '넋드림'을 했다. 놀라서 나가버린 넋을 다시 불러들이는 의례이다. 심방은 넋 나간 해녀가 평소에 입던 속옷을 머리 위에 올려놓고는 넋을 부른다. '어디 사는 무슨생 아무개, 나간 넋 돌아옵소 돌아옵소 돌아옵소' 이렇게 세 번을 부른 뒤에 정수리로 숨을 훅 불어넣으면 넋이 다시 들어온다고 믿는다. 넋드림은 주로 경기가 난 아이들을 위해서 하지만 성인 가운데 주 고객은 바로 해녀들이다.

해녀공동체가 하는 '잠수굿'[16]은 물론이고 2월 영등날

---

16 제주도에서는 해녀를 줌녀, 또는 줌수라고 부른다.

에 하는 '영등굿'도 해녀들이 중심이 되어서 하는 굿이다. 그렇지만 동해안에는 제주도처럼 공동체 안에서 독자적인 세력을 형성할 만큼 해녀들의 숫자가 많지 않다. 공동체의 보호막 없이 개인적으로 활동한 동해안의 해녀들은 어부들 못지않게 생명의 위협에 처해 있었다. 거리굿에서 해녀들을 풀어먹이는 의례가 따로 마련된 이유일 것이다.

동해안에서는 부녀자들이 바위에서 미역이나 김을 따다가 변을 당하는 수가 적지 않았다. 삼척 신남의 해신당은 김을 따다가 파도에 휩쓸려 죽은 처녀를 모시는 당이다. 혼인하지 못하고 죽은 처녀의 한을 달래 주기 위해서 나무로 남근을 깎아 바쳤다. 남근을 바치는 신앙행위는 신남을 비롯하여 고성 문암, 강릉 안인 등 동해안 어촌에서 전승되었다. 바다에서 죽은 여인의 넋을 위로하기 위한 것이니 그만큼 미역이나 김을 따는 일이 위험했음을 알 수 있다. 즉 어촌의 삶은 남녀를 가리지 않고 모두 위험하고 잔인한 일이었던 것이다.

우리 시대 사회적 약자들

배 타고 바다에 나가 고기를 잡는 어부, 그리고 잠수하는 해남과 해녀는 어촌계의 기본적인 구성원이다. 이들은 고된 노동에 시달리면서 매일매일 시퍼런 죽음을 눈앞에 두고 살아간다. 농자천하지대본을 근간으로 하던 전통사회에서 어민은 농민보다 사회적 위치가 낮았다. 바다에서 하는 일은 위험할 뿐 아니라 경제적으로도 불안정했기 때문이다. 농사에 비해 어업은 소득이 일정하지 않다. 요즘처럼 저장수단이 발달하지 않아서 판로도 제한적이었다. 게다가 동해안은 밋밋하여 자연항이 없어서 인위적으로 방파제를 쌓지 않으면 배를 댈 수 없었다. 큰 배를 댈 곳이 마땅치 않으니 주로 모래사장에 통나무를 대고 사람들이 직접 배를 끌어 올렸다. 인력으로 끌어 올릴 정도의 작은 배로 연안에서 조업을 할 수밖에 없었던 것이다. 배가 작을수록 위험은 더 커지기 마련이다. 생존의 위험과 소득의 불안정성은 결국 어민들의 사회적 지위를 낮추었다.

어민의 사회적 위치를 보여 주는 단적인 예가 바로 혼인권이다. 반상이 따로 있는 것도 아닌데 농촌과 어촌은 혼인권이 달랐다. 강릉시 연곡면 영진리는 농촌과 어촌이 공존하는 마을이다. 걸어서 10분이면 오갈 수 있지만 농민은 갯가로 딸을 주지 않았다. 먹는 것이야 어찌 해결한다고 해도 젊은 나이에 과부가 되는 딸을 보고 싶은 부모는 없는 법이다. 그뿐만 아니라 동향으로 집을 지으면 남자가 단명하다고 해서 짓지 않았다. 매일 짙푸른 동쪽 바다로 나가야 하는 어민들의 위태로운 삶을 경고하는 금기이다. 어민들은 바다의 치명적인 유혹과 위험을 본능적으로 알고 있다. 하지만 바다를 삶의 터전으로 삼고 살아가는 그들에게는 다른 선택지가 없다. 바다를 등지고 집 짓는 것만이 잔인한 운명을 피하려는 유일한 저항이었다.

무속신앙은 위험한 어촌에서 더 발달했는데 지금도 바다에서 죽으면 반드시 넋 건지기 굿을 한다. 특별히 바다에서 죽은 넋을 위로하는 것은 수사한 영혼은 영원히 안식할 수 없다는 믿음이 있기 때문이다. 죽은 이가 편안하려면 반드시 땅에 묻혀야 한다는 신앙이 있는 것이다. 시신을 찾지 못한 경우에는 무녀가 망인이 먹던 밥주발을 물에 던져 넋을 건져 올린 후에 굿을 했다. 거리굿은 이런 굿조차 받지 못한 설운 죽음을 달래는 의례이다.

군대거리는 내용으로 미루어 볼 때 최근에 형성된 것으로 보인다. 군인은 사회적 신분의 하나이다. 그렇지만 분단국가에 사는 우리에게 군인은 특별한 존재이다. 국민의 의무이기 때문에 자식을 군대에 보내지 않은 집이 없다. 아직 사회적으로나 경제적으로 독립하지 못한 아들이 집을 떠나는 것도 걱정인데 군대에는 늘 사고의 위험이 있다. 일 년 내내 철조망으로 꽁꽁 묶인 바다를 보면서 살아가는 동해안 어민들에게 군인을 대하는 감정은 특별할 수밖에 없다.

순천 삼설양굿에서는 구체적으로 여순사건에 희생당한 귀신을 달래 준다. 하필 사건이 발발할 때 군대에 입대했다가 허무하게 죽은 귀신이 등장하여 억울함을 토로한다. 우리는 지금도 동족상잔의 비극을 안고 있다. 제주 4.3 사건이 그러하고, 여순사건 역시 지역민들에게 가장 가슴 아픈 역사이다. 좌익과 우익의 이데올로기 대립이나 군대와 경찰의 갈등은 대다수 서민들의 삶과 거리가 먼 이야기이다. 하지만 이런 갈등이 쌓여 어느 날 구체적 사건으로 터질 때 가장 피해를 보는 것이 바로 서민들이기도 하다.

동족상잔의 뼈 아픈 경험은 아직도 우리 사회에 날 선 상처로 남아 있다. 산하 곳곳에서 피 흘리며 스러진 수많은 주검은 곧 내 가족, 내 이웃, 우리 마을 사람이기에 지금도 가슴 아픈 존재이다. 이들은 역사의 소용돌이에 휘말려 주체적으로 자신의 삶을 살아보지 못한 채 사라진 우리 사회의 약자들인 것이다. 화약 던지다 죽은 귀신거리, 칼 맞아 죽은 귀신거리, 군기사고로 죽은 귀신거리도 모두 군대와 연결되는 놀이이다.

마지막으로 전라도 삼설양굿에 등장하는 놀이패들은 다른 지역에서 볼 수 없어 이색적이다. 현재 전승되고 있지는 않으나 서울굿 뒷전에도 광대거리가 있었던 것으로 보인다. 박수 이지산이 그린 서울굿 뒷전 무속화에는 무녀가 광대탈을 들고 노는 장면이 있다.[17] '수광대거리'라는 이 굿은 개성 덕물산의 청계씨당에서 모시는 탈을 놀리는 것이라고 한다. 청계씨탈은 광대의 신을 상징하는 탈로 보이지만 탈춤과의 관련성을 유추할 수 있다. 삼설양굿에서는 남사당패중천, 광대중천, 소동패들이 찾아와 한바탕 놀고 간다. 이들은 모두 떠돌이 놀이패들로 예능의 종목이 세습무 집단과 가까웠다. 특히 전라도 세습무 집안의 남자들은 굿 외에 판소리나 줄타기를 익혀 광대가 되었고 유명한 상쇠도 세습무가 출신이 적지 않다. 이들의 사회적 지위도 실상 크게 다를 것이 없었다. 무당처럼 신분상 천민은 아니었지만 일단 탈을 쓰고 광대가 되면 조상 제사에도 참례하지 못했다고 하니 전통사회에서 떠돌이 놀이패는 가장 소외된 집단 중 하나였던 것이다.

세습무와 떠돌이 놀이패는 전통사회에서 민속예능을 책임지는 큰 축이었지만 경제적 기반에서는 둘이 확연히

---

17 김인회·황루시·이용범·홍태한, 『이지산의 서울굿그림 43점 이야기마당』, 민속원, 2020.

달랐다. 세습무들은 일정한 당골판이 있어서 봄에는 보리, 가을에는 나락을 받았고 본업인 굿 수입도 있어서 생계의 위협이 적었다. 하지만 떠돌이 놀이패는 최소한의 경제적 여건도 갖추지 못한 예인들이었다. 이 마을에서 저 마을로, 오일장과 난장을 떠돌면서 기예를 팔았다. 일정한 거처가 없었던 길 위의 예능인이었기에 실제 삶은 무당보다 비참한 경우가 많았다. 배고픔에 시달리면서도 신명을 내어 민중들을 위로하던 떠돌이 놀이패는 어쩌면 무당들이 기꺼이 손 내밀어 연대할 수 있는 유일한 집단이었을 것이다. 떠돌이광대의 넋을 위로해 주는 굿의 진정성이 느껴지는 이유이다.

축적된 서사의 힘

뒷전은 연극의 형식을 취하고 있다. 그 가운데 가장 극적인 구성이 단단한 것은 동해안의 거리굿이다. 무당은 혼자서 대사와 행위, 설명을 동시에 하면서 연기를 펼친다. 장구재비가 상대역을 해 주기도 하지만 기본적으로는 무당이 여러 역할을 바꿔서 하기 때문에 일인 다역이다. 거리굿은 특별한 대본이 있는 것이 아니다. 대략의 줄거리와 극중 인물만 있을 뿐이고 무당은 굿 현장에 맞춰서 즉흥적으로 연기한다. 관중을 끌어들이는 경우가 많은데 이때는 특히 현장에 따라 변수가 많을 수밖에 없다. 그래서 우리가 접하는 텍스트는 무당이 실제 굿을 한 현장을 녹음하고 나중에 글로 푼 것이다. 실제 공연이 이루어지는 즉흥적인 상황을 생각해 보면 뜻밖에 텍스트의 치밀함에 놀라지 않을 수 없다.

송동숙이 연행한 어부거리를 다시 한번 살펴보자. 왠지 불길함을 품고 있는 잔잔한 바다, 태평하게 노래하면서 노를 젓는 젊은 어부와 문득 심상치 않은 조짐을 발견하는 늙은 어부의 대비, 점점 커지는 파도, 아직 그물도 내리지 못했는데 이미 돌아가는 배들을 보면서 불길함은 더욱 커지고 문득 떠오르는 치명적인 실수, 배의 목신을 건드려 놓고 정성을 올리지 못했다. 이제라도 술 한 잔 부으려고 하는데 파도에 휩쓸려 깨져 버린 술병, 이제 돌이킬 수 없다. 비정한 운명과 사투를 벌이지만 결국은 바다에서 허망한 죽음을 맞이한다. 장가 못 간 놈들이라도 살려 달라는 늙은 어부의 마지막 외침이 더욱 허망할 뿐이다. 마치 드라마투르기의 기본처럼 극단적인 대비, 운명을 예감하게 하는 전조, 비장미를 강조하는 결말이 완벽한 구성을 보인다. 이는 어쩌면 타고난 무당의 능력에 달렸다고 생각할 수도 있다. 모든 양중들이 다 이렇게 흥미로운 굿을 실연하는 것은 아니기 때문이다. 하지만 그보다는 이런 대본이 오랜 경험을 바탕으로 구성되었을 가능성이 더 크다. 끝없이 솟구치는 집채만한 파도, 하늘에 구멍이 난 듯 마구 쏟아지는 빗물, 이를 못 이기고 뒤집어지는 배 안에서 사투를 벌이다가 결국 스러져 간 수많은 죽음의 서사들이 쌓이고 쌓여 이처럼 완벽한 스토리를 만들어 낸 것이 아닐까.

오래 축적된 경험치가 만들어 낸 드라마는 공동체의 공감을 더욱 강화하게 마련이다. 이 드라마는 단순히 바다에서 죽은 수비 영산을 위한 것이 아니다. 우리의 할아버지, 아버지의 이야기이고 장가도 못 간 채 세상을 떠난 삼촌의 이야기이며 불과 몇 년 전 본인이 조상의 음덕으로 아슬아슬하게 피한 운명이기도 하다. 그래서 관중들은 별다른 장치도 없이 무당 혼자서 연극인 듯 놀이인 듯 진행하는 드라마에 몰입하게 되는 것이다. 자신의 가족사이자 공동체의 역사, 그리고 오늘도 살아 내고 있는 어민들의 삶이 눈앞에 펼쳐지고 있다. 바다를 의지하고 살아온 사람들의 잔인한 운명, 이 끈끈한 맥을 정확히 짚어 주면서 만만치 않은 삶의 무게를 함께 나누는 것이 바로 공동체의 사제로서 무당의 역할인 것이다.

5장

뒷전을 통해서 본 무속의 세계관

1. 힘없는 존재의 힘

뒷전에서 모시는 신격은 일반적인 무속의 신과 그 성격이 판이하게 다르다. 무속의 신은 특정 기능이 있고 그 분야에 막강한 힘이 있는 존재로 나타난다. 무속의 신들은 독립적이어서 상대의 영역을 침범하지 않는다. 산신은 산을 지키고 마을 수호신인 골매기서낭은 마을을 지킨다. 산 아래 여러 마을이 있지만 산신이 골매기서낭보다 우위에 서서 명령을 하거나 간섭을 할 수 없다. 신과 신 사이에 상하 개념이나 계급이 없기 때문이다. 서로 평등한 무속의 신은 각기 고유의 영역을 가지고 그 안에서 힘을 발휘한다.

일반적으로 굿을 할 때 무속의 신은 자신이 힘 있는 존재임을 강조한다. 신은 먼저 인간이 그동안 자신이 가지고 있는 막강한 힘을 무시하고 대접하지 않았음을 탓한다. 인간은 황황히 머리를 조아리면서 그동안의 잘못을 사죄하고 좋은 음식, 음악, 옷, 춤으로 신을 대접한다. 대접을 잘 받은 신은 이처럼 정성을 보였으니 자신이 가지고 있는 힘으로 도와주겠다는 약속을 하면 하나의 굿거리가 끝나는 것이다. 신의 권위는 무복을 통해서도 표현된다. 무복은 대부분 무신(武臣)의 관복이다. 굿의 신도인 서민들이 쉽게 접할 수 없을 뿐 아니라 실생활에서 그들 위에 군림하는 관의 존재를 무복을 통해 은연중 과시하는 것이다. 굿이란 인간에게 결핍된 상황이 생겼을 때 특정 분야를 관장하는 여러 신의 도움으로 문제를 해결하려는 의례이다. 바꿔 말하면 굿은 바로 이런 신들이 확실하게 자신의 영역과 힘을 드러내는 자리인 것이다.

　　하지만 뒷전에 찾아오는 잡귀들은 일반적인 무속의 신과 전혀 다르다. 잡귀는 신들이 가지고 있는 고유의 영역이나 맡은 기능도 없고 힘도 없다. 다시 말해서 인간을 도와줄 여력이 전혀 없는 존재인 것이다. 뒷전의 신격들은 누구를 도와줄 수 있는 존재가 아니라 오히려 도움이 필요한 처지이다. 철저하게 인간의 이익을 보호하는 무속신앙의 특징을 생각해 볼 때 이렇게 아무 기능도 힘도 없이 거꾸로 도와주어야 할 존재들을 대접한다는 것은 매우 예외적이다. 그럼에도 불구하고 뒷전은 매우 중요한 굿의 일부이다. 굿의 마지막을 차지하고 있으니 뒷전을 빼고는 굿을 논하기 어렵다. 그렇다면 뒷전이 보여 주는 무속의 세계관은 어떤 것일까. 굳이 힘없는 잡귀를 대접하는 것으로 굿의 대미를 장식하는 이유는 무엇일까.

2. 소외된 존재와의 화해

무속은 현실에서 실패하고 소외된 삶을 살았던 존재에 관심을 갖는 종교이다. 사령(死靈) 가운데는 특별히 억울하게 죽어서 한을 품은 영혼을 중시했다. 집에서 굿을 해도 결혼하여 아들을 낳고 정상적으로 살았던 조상보다 비정상적인 삶을 살았던 조상을 더 위한다. 해산하다가 피 흘려 죽었거나 아예 결혼을 못 하고 죽었거나 전쟁에서 총 칼 맞아 죽은 조상은 집에서 굿을 할 때 가장 중요한 위치를 차지한다. 이는 유교가 정상적인 조상을 제사의 대상으로 중시한 것과 대조적이다. 유교가 지배한 조선조에서 무속신앙이 살아남을 수 있었던 가장 큰 이유

는 아마도 이렇게 조상을 갈랐기 때문일 것이다. 유교의
제사를 받을 수 없던 수많은 아픈 죽음을 무속이 끌어안
았던 것이다.

소외된 존재에 대한 관심은 무속신화에서도 보인다.
무속신화의 주인공 역시 특별한 능력이나 지위가 없는
보잘것없는 존재가 대부분이다. 낳자마자 딸이라는 이유
로 부모에게 버려지는 바리데기나 여성수난사의 주인공
인 당금애기가 대표적이다. 동해안의 무조신인 제면할머
니도 신들려 집안에서 쫓겨난다. 그렇지만 이들은 절대
희생과 모성으로 부모와 나라를 구하고 자식을 키워 냄
으로써 고난을 극복하고 무속의 신으로 좌정한다. 작고
힘없는 존재의 중요성을 부각함으로써 소외된 존재가 희
망이 되고 대접받는 공동체를 만들어 내는 것이 바로 무
속의 세계이다.

굿은 수많은 존재와 화해를 도모하는 의례이다. 여러
신을 청하여 신과 인간이 만나고 화해하는 과정이 바로
굿이다. 삶과 죽음이 화해하는 것도 굿이다. 그리고 그
과정에서 인간과 인간이 화해하게 된다. 이런 거대한 화
해의 마지막 장을 장식하는 것이 바로 뒷전이다. 뒷전에
등장하는 잡귀들은 인간다운 삶을 제대로 살지 못했던
존재들이다. 사회적 편견이 이들을 소외시켰고 불행하게

만들었다. 장애는 장애자의 잘못이나 죄로 인식되었고 남성 위주의 사회에서 여성의 고통은 당연한 일로 여겼다. 신분제도 때문에 생존의 위협에 시달리면서 대물림되는 가난을 벗어나지 못한 서민들 역시 소외된 존재였다. 이들이 평생 숨겼던 아픔을 털어놓고 자신의 소망을 공개적으로 표현하는 자리가 바로 뒷전이다.

소외된 존재와의 화해가 가장 극적으로 이루어지는 장면은 장애인을 대접하는 거리에서 볼 수 있다. 뒷전에서는 장애인들이 등장하여 춤추고 노래하며 한바탕 놀고는 병을 고치고 돌아간다. 기어들어 온 장애인이 두 발로 걸어 나가고 꼽추의 등이 펴지며 맹인이 눈을 뜨는 것이다. 신앙의 힘으로 장애인이 장애를 벗어나거나 환자가 병을 고친다는 이야기는 모든 종교에서 보인다. 가까이는 강원도 철원 심원사에 부처님 원력으로 장님이 눈을 뜨고 앉은뱅이가 일어났다는 이야기가 전하고 성경에도 예수가 병을 고친 이야기들이 나온다. 우리 사회에서는 요즘도 병을 고친다는 종교적 단체들이 엄청난 신도몰이를 하고 있다.

그렇지만 뒷전에서 장애인들이 병을 고치고 돌아가는 것은 이런 종교적 현상들과 무관하다. 이들은 살아 있는 사람이 아니라 장애를 안고 고통스럽게 살아가다가 이미 죽은 존재이기 때문이다. 뒷전에서 이들을 불러 춤추고 놀게 하는 목적은 병을 고치려는 것이 아니라 평생 신산했던 삶을 위로하기 위해서이다. 살아 있는 우리가 그 아픔을 기억하고 함께 가슴 아파한다는 것을 보여 주며 손을 내미는 자리이다.

그래서 뒷전에서는 장애인이 진정으로 바라는 것이 무엇인지 그 속내에 주목한다. 장애 때문에 창피해서 평생 남 앞에 나서 보지 못했던 안팎곱사등이에게는 마음껏 춤출 수 있는 자리를 마련해 준다. 부르고 싶은 소리가 뱃속에 가득 차 있어도 코가 막혀 소리를 낼 수 없는 매독 환자에게는, 콧소리도 좋다면서 실컷 노래를 부르게 한다. 장애는 신체에 있을 뿐이다. 마음은 다 똑같은 인간이다. 장애인의 내면을 들여다보고 그의 본질을 보면서 진정한 위로를 건네는 것이다. 내면이 치유되면 장애인은 더 이상 장애인이 아니다. 그것이 바로 병을 고치고 자유롭게 돌아가는 모습으로 나타난다. 이를 통해 보잘것없는 작은 존재도 소중하게 여기는 진정한 화해가 이루어진다.

이처럼 한 많은 영혼에 대한 관심과 배려는 공포심에서 비롯된 것으로 볼 수도 있다. 그렇지만 또 다른 관점에서 본다면 역사의 뒤편에 있는 존재들에 대한 무속의 관심이 만든 결과이다. 역사는 대부분 승리자의 편에서 기술된다. 하지만 무속은 승리의 그늘에 가려 잊힌 실패한 자를 기억하는 신앙이다. 실제로 역사를 이어온 존재들은 수많은 실패한 인생들이다. 이들을 기억하고 따뜻하게 보듬어 화해하려는 노력이 있어야 역사는 균형을 잡는다. 또한 이런 마음은 이웃의 힘없는 존재들에 대한 관심으로 이어져 다 함께 살아가는 건강한 사회의 기틀이 되는 것이다.

3. 리얼리즘의 시각에서 여성을 본다

무속은 여성문화의 성격이 강하다. 사제인 무당이 대부분 여성이고 굿을 구경하는 사람들은 할머니가 단연 많다. 무속의 신 역시 여성이 차지하는 비중이 크다. 바람의 신 영등할머니, 무당의 조상신 제면할머니가 모두 여신이고 바다의 신은 용궁애기씨이며 지금은 남성으로 알려진 산신도 어미산, 할미산이라는 이름이 적지 않은 것으로 보아 원래는 여성의 성격이라고 보고 있다.

무속에서 신앙하는 신 가운데는 신화의 주인공이 있다. 이들이 신으로 좌정할 때까지의 내력담을 무속신화라고 하는데 이중 가장 중요한 주인공은 저승을 관장하는 신과 생산을 관장하는 신이다. 바리공주와 당금애기로 나타나는 두 신화는 모두 여성이 주인공이다.

바리공주는 저승을 관장하는 신, 망인을 저승으로 인도하는 신, 또는 무당의 조상으로 등장한다. 바리공주의 일생을 노래하는 신화는 서울에서 특히 말미라고 한다. 말미란 모든 것의 원인이라는 뜻이니 이 신화가 바로 무속신앙의 핵심적인 의미가 된다는 것이다. 바리공주 무가는 사람이 죽은 뒤 그 넋을 천도하는 굿에서 반드시 구송된다.

바리공주 신화는 부모에게 버림받은 여식이 오히려 부모를 위해 저승에 들어가 약물을 구해 살려 낸다는 효행담이다. 이 업적으로 바리공주는 저승으로 영혼을 인도하는 신이 된다. 서울 이외의 지역에서는 바리공주를 흔히 바리데기, 비리데기로 부르는데 이 명칭은 구박데기처럼 상대를 폄하하는 것이다. 바리공주 신화는 철저하게 남성 중심의 사회인식을 보여 준다. 딸이라는 이유로 낳자마자 버림받는다는 내용이 그것을 증명한다. 나중에 아버지를 살린 딸에게 거꾸로 아버지가 신직을 내리는데 이것 역시 남성 중심, 특히 아버지 중심의 봉건적 인식을 보여 준다.

당금애기 신화는 복을 준다고 믿는 제석신을 모시는 굿에서 부르는 무가이다. 당금애기 신화 역시 남성 중심 사회에서 여자가 겪는 수난을 그리고 있다. 당금애기는 아버지와 오라버니, 그리고 남편인 제석으로부터 고난을 받는다. 부모 허락 없이 제석의 아기를 임신한 당금애기는 집에서 쫓겨난다. 그러나 미혼모가 된 당금애기는 혼자 힘으로 세 아들을 키움으로써 어머니의 몫을 훌륭하게 해냈고, 그런 연유로 아들은 생산을 관장하는 신이 되고 본인은 생명을 주는 삼신이 된다.

두 여인은 모두 가족으로부터 소외된 존재로 등장한다. 바리공주는 낳자마자 부모로부터 버림받은 존재이고 당금애기는 집안 망신을 시켰다면서 목을 쳐 죽이려는 오빠들을 피해 만삭의 몸으로 집에서 쫓겨났다. 하지만 이들은 자신에게 주어진 본분을 충실히 지킴으로써 신이 된다. 두 여인은 특별한 능력이나 힘 있는 존재가 아니다. 바리공주는 오로지 자신의 생명을 던져 효를 실천함으로써, 당금애기는 어머니의 역할을 충실히 이행함으로써 신으로 좌정하는 것이다. 소외된 작은 존재, 힘없는 존재의 힘을 중시하는 무속적 사고가 잘 드러나면서 남성 위주 사회에서 여성성을 부각하는 신화들이다.

뒷전도 여성 캐릭터의 비중이 크다. 뒷전에 등장하는

여성은 바리공주나 당금애기와 유사한 상황에 처해 있다. 바리공주와 당금애기가 여성으로 겪을 수 있는 모든 고난을 경험한 대표적 인물이라면, 가정 폭력에 시달리는 뒷전의 여인들 역시 못지않은 고통을 당하고 있다. 이들이 겪는 폭력의 내용은 신화보다 훨씬 구체적이어서 성적인 것부터 경제적 부담, 고된 노동에 고부갈등까지 다양하게 존재한다. 뒷전의 여성은 집안의 안주인으로 권위가 있거나 고유의 아름다움을 갖춘 이상적 여성상과는 거리가 멀다. 그들은 남성 위주 사회의 압박을 온몸으로 받아 내면서 오로지 살기 위해 아침부터 밤까지 노동에 시달린다. 현실에서 이들이 고통에서 벗어나 의미 있는 일을 성취할 가능성은 전혀 없어 보인다.

겉으로 보기에 신화와 뒷전의 결말은 전혀 다르다. 신화의 주인공은 마지막에 신으로 좌정하지만 뒷전의 여인들은 비참한 죽음을 맞이하기 때문이다. 그렇지만 목표를 모두 이룬 뒤 신이 되는 무속 신화의 결말은 어쩌면 민중의 꿈이 투영된 결과일지 모른다. 현실에서 바리공주는 목숨을 걸고 저승에 가서 약물을 구해 와 아버지를 살렸지만 아무런 보상을 받지 못했다. 원래 아버지는 약물을 구해 오면 나라의 반을 주겠다고 했으나 바리공주는 나라를 차지하지 못한 것이다. 현실에서 나라는 다른 사람이 차지했을 것이다. 아마도 욕심 많은 큰딸 또는 큰딸의 남편이 왕위의 주인공이 아닐까. 큰딸은 나를 위해 약물을 구해 올 수 있겠냐고 묻는 아버지에게 병이 깊어 어차피 돌아가실 운명이니 먼저 옥새를 달라고 했던 사람이다. 욕심 많고 이기적인 사람이 성공하는 사례는 주변에 흔하다. 그렇다면 바리공주가 현실 나라의 왕이 아니라 저승의 왕이 된 것은 바리공주를 사랑한 민중의 선택이 아니었을까. 자신의 전부를 희생해서 아버지를 살렸으나 아무것도 받지 못한 바리데기를 사랑한 민중들이 바리데기를 영원히 사는 진정한 공주, 그들의 신으로 만든 것이다. 바리공주 역시 현실에서는 뒷전의 인물처럼 실패한 여인일 가능성이 큰 것이다.

이렇게 본다면 신화의 이야기보다 뒷전의 여성들의 삶이 훨씬 현실적이다. 이들의 고통은 끝날 기미가 보이지 않는다. 남성 위주의 사회에서 여성의 신분은 가난할수록 낮은데 목숨을 걸고 일해도 가난에서 벗어날 길은 요원하다. 고단한 시집살이, 끝나지 않는 가사노동, 남성의 성적 횡포는 죽음을 맞이할 때까지 지속될 것이다. 하지만 뒷전은 이를 비극으로 끝맺지 않는다. 뒷전의 인물은 함께 연대하는 것으로 고통을 극복하는 것이다.

무당은 이들의 절절한 사연을 몸으로 보여 주고 관중

은 이를 적극적으로 들어 준다. 굿을 하는 무당이나 구경하는 사람들, 등장하는 캐릭터가 대부분 여성이기에 이들의 공감대는 쉽게 형성된다. 뒷전의 등장인물인 여성과 관객인 여성들은 연대하면서 함께 문제를 해결한다. 아기를 낳을 때는 함께 힘을 주고 시집살이에 자살한 며느리에게는 적절한 조언을 건넨다. 함께 며느리 흉을 보다가 그들의 고된 일상을 가슴 아파한다. 던져진 문제들은 관중에게도 생생한 현실이어서 하나같이 심각하지만 결코 무겁게 처리하지 않는다. 무당은 이 과정을 웃음으로 표현하고 관중은 웃음으로 공감대를 형성한다. 웃음으로 화해하고 웃음으로 극복한다. 뒷전은 단순히 사회적 약자로서의 여성들을 위로하는 데 그치지 않는다. 생명을 낳고 키우는 모성적 여성성을 지닌 무속문화의 힘으로 아픔을 달래고 미래를 지향하는 것이다.

4. 자신과 화해하기

거리굿에는 우리와 동시대를 살아가는 사람들이 등장한다. 거리굿은 주로 어촌에서 남자 굿꾼인 양중이 연행한다는 특징이 있다. 덕분에 바다를 의지하고 사는 어부나 머구리, 해녀들의 삶이 조명되고 군대거리도 나올 수 있다. 그런데 거리굿의 등장인물들은 곧 관중의 모습이기도 하다. 관중은 뒷전의 여러 인물을 통해서 사실상 자신을 보게 되는 것이다. 만선의 꿈을 안고 위험한 바다에서 조업하다가 어느 날 문득 돌아오지 못한 어부는 우리들의 아버지, 형님, 남편이다. 잠깐 욕심에 눈이 멀어 영원히 바다에 갇힌 머구리와 해녀, 그리고 미역바위에서 파도에 휩쓸린 여인은 바로 우리 가족, 어쩌면 미래의 내 모습이기도 하다. 아직 우리 사회는 가부장제와 남성의 폭력에 시달리는 여성이 적지 않고 가난할수록 그 수위가 높다. 새벽부터 밤늦도록 일하는 며느리, 거름이 부족하면 제 오줌이라도 밭에 뿌리는 여인은 우습지만 악착같이 살아온 과거 내 모습이기도 한 것이다.

무당이 어부의 일상과 경험을 실감나게 표현하는 과정을 보면서 어부는 생사의 기로에서 처절했던 자신의 경험을 떠올린다. 굿을 보면서 지금 무당이 재현하는 수비 영산이 곧 내 모습이기도 하다는 사실을 깨닫는 것이다. 그래서 관중들의 감정이입이 쉽게 일어난다. 거리굿을 통해 관중들이 극중 인물의 삶을 이해하고 화해하는 것은 있는 그대로의 자신을 받아들이는 일이고 곧 자신과의 화해를 의미하는 일이기도 하다.

뒷전은 사회에서 소외된 약자들의 다양한 삶을 재현한다. 무당은 놀이를 통해 이들의 삶과 죽음을 생생하게 보여 준다. 처음부터 끝까지 웃음으로 표현하지만 무당은 그들의 삶이 비참하면 비참할수록, 그 죽음이 고통스러웠다면 그럴수록 마치 우리 모두가 반드시 기억해야 한다는 듯이 섬세하게 재현해 낸다. 그 속에 진정성이 있기에 관중들은 극에 몰입하고 그 삶의 의미를 생각하게 된다. 그리고 설령 작은 존재, 보잘것없는 존재라고 해도 삶은 소중하다는 사실을 인식하는 것이다.

정말 굿을 받아야 할 존재가 있다면 바로 이 수비 영산들이다. 다른 신들은 인간이 필요에 의해서, 부탁할 일이 있어서 청한 존재들이다. 물론 무속의 신들은 항상 인간을 기다리고 있다. 부르지 않으면 서운해하고 그러다가도 일단 부르면 조금 화를 내기는 하지만 늘 용서하며 인간을 도와준다. 하지만 뒷전의 신격들은 그런 힘이 없다. 인간을 도와줄 힘 있는 존재가 못 된다. 그들은 아무 힘없는 사회적 약자일 뿐이다. 그런 인물들을 보면서 관중은 동질감을 느낀다. 일반적으로 희극은 상대의 열등함을 웃는 것이다. 그렇지만 뒷전은 다르다. 관중은 무당이 그려 내는 인물의 행동을 보면서 웃지만 웃음의 대상 속에 내가 들어 있다는 것을 안다. 대부분 굿의 관중들 또

한 이 사회의 약자이기 때문이다. 그런 의미에서 뒷전은 죽은 자의 한을 풀면서 동시에 산 자를 위로하는 굿이다. 그 연대의 끈끈함 속에서 죽은 수비 영산과 산 수비 영산 이 만나는 굿이 바로 뒷전이다.

뒷전의 뒷전

1984년 음력 3월 초하룻날, 일산 정발산에서 도당굿을 한다는 이야기를 듣고 아침 일찍 찾아갔다. 정발산은 나지막한 언덕처럼 보이지만 넓은 평야 한가운데에 위치하여 발 아래 여섯 개 마을을 거느리고 있는 위엄 있는 산이었다. 새봄이 오면 설촌, 놀매기, 낙민, 강촌, 닥밭, 냉천 여섯 개 자연마을 주민들이 정성을 다해 정발산의 도당할머니를 모시고 그 덕으로 농사를 지으며 살고 있었다.

아직 굿을 하려면 멀었다고 해서 우리는 먼저 당주집을 찾아갔다. 아직 겨울의 냉기가 배어 있는 누런 논과 파릇파릇 돋아난 새싹들이 부드럽게 밟히는 밭을 지나 좁은 버스길을 끼고 한참을 갔다. 당주집은 마당에 키 큰

감나무가 두 그루 서 있고 외양간이 있는 널찍한 함석집으로 전형적인 농가였다. 평소 굿판에서 자주 마주쳤고 정발산 도당굿 정보도 주었던 악사 박영봉 선생이 유명한 교수님들이라면서 우리 일행을 장황하게 소개했다. 그렇지만 환갑쯤으로 보이는 당주는 시큰둥한 표정이다. 굿판에야 원래 별별 사람들이 다 찾아오는 법이니 막을 수는 없지만 결국은 걷어 먹여야 하는 손님이 늘어난 것뿐이라는 분위기라고나 할까. 명함을 내밀어 보기도 했지만 일행 가운데 누구도 당주에게 권위를 인정받지 못했다.

조금 민망해진 우리를 시끌벅적 맞이하고 집안으로 안내해 준 사람은 당주의 여동생이었다. 사람 좋아 보이는 여동생은 날씨가 춥다면서 우리를 따뜻한 방으로 데려갔고 커피도 타 주었다. 기가 살아난 박영봉 선생이 당주에게 막혔던 말을 여동생에게 했다. "올해는 귀한 손님들도 오시고 촬영도 다 하니까 괜히 굿하면서 술 많이 먹고 쌈박질하지 마! 좀 점잖게 합시다. 무슨 굿판이 싸움판도 아니고⋯." 여동생은 찔리는 구석이 있는지 키득키득 웃기만 하는데 문득 저쪽 방에 있던 당주가 누구에게라 할 것 없이 한마디 던졌다. "술 처 먹고 쌈하는 게 굿이지 뭐 딴 게 굿인가." 잠깐 박영봉 선생의 눈치를 보던 여동생은 다시 활기를 찾았고 이번에는 우리에게 과일을 권했다.

굿은 정발산 산정에서 했다. 천막을 치고 안에 굿상을 차렸다. 할머니들은 천막 안 따뜻한 자리에 앉고 나머지 사람들은 천막 주변에서 구경을 했다. 굿 실력이 시원찮은 당주무녀는 키 크고 인물 좋은 젊은 청송무당을 데려와 굿판을 이어갔다. 무녀가 상산부터 별상, 신장, 대감까지 굿을 달아서 하는 동안 구경꾼들이 제법 모여서 돈도 많이 쓰고 시끌벅적 분위기가 좋았다. 그렇지만 이른 봄, 산 정상은 하루 종일 쌀쌀했고 저녁이 되면서 더욱 추워졌다. 술꾼이 아니어도 술이 당길 날씨였다. 점심을 잘 드신 할머니들이 하나 둘 산을 내려가자 굿판은 조금씩 술판으로 변했다.

추위를 이기려고 한 잔, 뒤늦게 친구가 올라와서 또 한 잔, 먹다 보니 한 잔, 이제 굿은 공수를 받는 몇몇 아주머니들과 촬영하는 우리의 몫이 되었다. 당주무당이 닭과 활을 들고 군웅굿을 하면서 마을의 잡귀를 물리는 중요한 굿이라고 연설을 해도 이미 자기들의 세상으로 가 버린 사람들의 시선을 끌어오기는 어려웠다. 결국 굿이 끝나기 전 우리는 술 취한 사람들의 싸움을 보게 되었다. 주인공 중의 한 사람은 바로 이른 아침 우리를 다정하게 맞아 주던 당주의 여동생이었다. 싸움이라고 해서 딱히 사나운 것은 아니고 특별히 말리는 사람도 없었다. 남녀가 번갈아 몇 번 소리를 지르더니 서로 어깨를 밀치는 것도 같았다. 여동생은 이 사람 저 사람 붙들고 울면서 떼를 쓰고, 말리는 사람 가슴에 안겨 더 울었다. 그 와중에 무녀는 황황히 뒷전을 하고 그렇게 굿이 끝나자 언제 싸움을 했냐는 듯 멀쩡한 얼굴로 모두 다 함께 자리를 정리하고는 사이좋게 산을 내려갔다.

이게 바로 당주가 말한 굿이었다. 굿은 마을 주민들 누구나 찾아와 먹고 마시고 소원을 비는 자리이다. 새봄을 맞은 할머니들이 긴 겨울 누가 먼 길을 떠나갔는지 생사를 확인하는 자리이다. 도당할머니가 지켜보는 앞에서 어리광 부리듯 취하고 속내를 털어 놓는 자리. 그래도 마음이 안 풀리면 이 사람 저 사람 잡고 싸움도 할 수 있고 울기도 하는, 그렇게 맺힌 것을 푸는 자리이다. 이들 모두가 굿의 주인이고 주인공이다. 단순히 소원을 빌러 왔으면 절하고 밥 먹고 가면 그만이다. 하지만 사는 것이 조금씩 억울한 사람들은 당최 발이 떨어지지 않는다. 그래서 진종일 미적거리다가 결국 술이 취해서든, 도당할머니 은덕에 감읍해서든, 울며불며 한풀이도 하고 신명풀이도 하는 자리가 바로 굿판인 것이다. 일상의 일탈이 자연스럽게 받아들여지는 곳, 어쩌면 일탈을 부추기는 곳, 그래서 살아 있는 수비 영산들이 주인공이 되는 자리가 바로 짱짱한 농사꾼 당주가 지켜 온 굿판이었다.

굿판에 먹을 것이 없다면 나는 절대 굿공부 안 했을 것이라는 말을 입에 달고 살았다. 사실이기도 하다. 그런 면에서 나야말로 수비 영산, 잡귀로 수십 년을 굿판에 기생해 온 셈이다. 하긴 그동안 무당과 당주 같은 어른들이 넉넉히 풀어먹여 준 덕분에 아직 살아 있는지도 모르겠다.

참고문헌

고광민·강정식, 『제주도 추는굿』, 국립문화재연구소(편), 피아, 2006.

김금화, 『김금화의 무가집』, 문음사, 1996.

김인회·황루시·이용범·홍태한, 『이지산의 서울굿그림 43점 이야기마당』, 민속원, 2020.

김태곤, 『한국무가집』 제1권, 집문당, 1971.

서대석·최정여, 『동해안무가』, 형설출판사, 1974.

이경엽, 『씻김굿 무가』, 박이정, 2000.

장주근·최길성, '경기도지역 무속 – 양주군 무녀 조영자편', 『민속자료 조사보고서』, 문화재관리국, 1967.

허용호, 「가면극 속의 장애인들」, 『구비문학연구』 제37집, 한국구비문학회, 2013.

허용호, 「해산거리의 여성축제적 성격」, 『구비문학연구』 제9집, 한국구비문학회, 1999.

현용준, 『제주도무속자료사전』, 신구문화사, 1980.

황루시, 「무당굿놀이개관」, 『이화어문논집』 제3집, 이화어문학회, 1980.

황루시, 「무속의 관점에서 보는 사회적 약자의 존재성 – 뒷전의 인물을 중심으로」, 『구비문학연구』 제51집, 한국구비문학회, 2018.